SuR ENTERTAINMENT GbR

AF221280

Encyclopædia Comédica

Eine ernste Reise in lustige Gefilde

populärwissenschaftliches Sachbuch

von

Benjamin Leuteritz

Deutsche Erstausgabe

Impressum

© 2020 Benjamin Leuteritz

Cover und Design: SuR ENTERTAINMENT GbR

Lektorat und Satz: SuR ENTERTAINMENT GbR

Alle Anfragen an: noonelivesinheaven@gmail.com

Herstellung und Verlag: BoD – Books on Demand,
Norderstedt

ISBN: 978-3-752-88859-1

„Die Realität ist schon so lustig, dass es sich ein Mensch gar nicht besser ausdenken könnte."

Dr. Uwe Boll

„Ich dachte immer, mein Leben wäre eine Tragödie.
Aber jetzt weiß ich, es ist eine Komödie.“

Arthur Fleck alias Joker

Kapitelübersicht I

Kapitelübersicht II

Teil 1

Die Humorelemente

Über die Humorlosigkeit von Vorwörtern

Es heißt, wenn man einen Witz erklärt, hört er auf lustig zu sein. Wenn das stimmt, dann wird dies das wohl unlustigste Buch aller Zeiten. Denn es will nicht weniger als zu erklären: Was ist Humor und wie funktioniert er? Noch schwieriger als ein solches Buch zu schreiben, gestaltet sich die Frage: Wie sollte man ein Buch über Humor beginnen? Mit einem Witz? Mit einem humoristischen Vorwort? Wird *das* einem so ernsten Anliegen, wie der Ergründung, was uns zum Lachen bringt, überhaupt gerecht? Ich glaube, es war mein Vater, der mir mal im Vertrauen sagte, er habe noch nie etwas traurigeres erlebt, als meinen Erklärungsversuch des Gaming-Witzes "Wer zuletzt lacht, hat den höchsten Ping", als er diesen nicht verstand. Angesichts der unvermeidbaren Tatsache, dass dieses Buch *irgendwie* beginnen muss und angesichts der Tatsache, dass meine Erklärungen Trauer verursachen, wenn sie lustig sein wollen, versuche ich mich dieses Mal an einer humorlosen Erklärung, warum alle Vorwörter (außer dieses) am liebsten witzig sind.

Wenn ich mich mit einem neu gekauftem oder alt geschenktem Buch auf die Couch setze - den dampfenden Cappuccino stelle ich auf den Tisch *neben* und keinen anderen Menschen lasse ich *um* mich - dann bin ich im Begriff, eine selbst auferlegte Verpflichtung einzugehen: Ich tausche circa zehn Stunden meiner Lebenszeit gegen Worte. Diese selbst auferlegte Pflicht wächst mit jedem Wort, welches ich konsumiere und spätestens beim zweiten Kapitel ist es ein ungeschriebener Vertrag geworden, dass ich das Buch auch zu Ende lesen werde.

Es sind also die ersten Worte, während derer ich meine imaginäre Unterschrift unter diesen Vertrag setze. Solange ich beim Vorwort bin, kann ich jederzeit widerrufen. Später muss ich leidvoll kündigen. Beim Vorwort muss es also richtig abgehen, da will ich gecatcht werden. Währenddessen muss sich das Buch wie eine Heroinprobe anfühlen, die das Versprechen abgibt, in den nächsten Stunden Kapitel für Kapitel mehr davon freizusetzen.

Also steckt jeder Autor, der tatsächlich auch *gelesen* werden will und nicht nur in den Auslagen versauern möchte, all sein sprachliches Talent, seine Qualität und seinen Charme, in den Prolog seiner Geschichte. Ich kann jedem, der auf der Suche nach sprachlichen Mitteln, Kalauern, Eloquenz und Wortakrobatik ist, nur empfehlen, ein Vorwort nach dem anderen zu lesen. Es sind wahre Fundgruben verbalen Kondensats. Denn in kurzer Zeit muss mit wenigen Worten viel gesagt werden.

Ich habe meine eigene Empfehlung übrigens befolgt, nur bevor Sie fragen. Ich habe sämtliche Vorwörter gelesen, die ich kriegen konnte und habe selten so viel gelacht.

Nicht, weil sie schlecht waren (gut, manche waren das schon, aber Schatten gibt es immer), sondern weil sie lustig waren. Egal wie ernst und seriös, wie traurig, melodramatisch oder gar verstörend der restliche Inhalt werden sollte, in den Anfängen fand sich stets ein Witz. Denn nichts lässt den Leser eher seinen imaginären Kugelschreiber zücken und den Vertrag unterschreiben, als wenn er in den ersten Minuten zum Lachen gebracht wurde.

Jetzt weiß ich auch, wie ich dieses Buch eigentlich anfangen möchte. Bevor ich frage, was Humor ist und wie er funktioniert, frage ich: Was bringt er?

Die Antwort: Einfach alles.

Er bewirkt, dass ich ganz nebenbei klarstellen kann, wie wir beide - Sie, der Leser und ich - uns ansprechen: Wir siezen uns. Schließlich wollen wir beide dem Titel dieses Buches ernsthaft begegnen.

Viele Autoren tun sich schwer, eine Bindung zu ihrem Leser aufzubauen und verpassen dabei, ihn auf ihre gedankliche Reise mitzunehmen. Wenn ich ein Buch aus dem Bereich Unterhaltungsliteratur lese und der Autor mich nicht abholt, indem er nicht weiß, wie er mich ansprechen soll, dann frage ich mich, was der Autor wohl denkt, was der Leser glaubt, wer das Buch geschrieben hat: Eine Maschine? (Puh, der Satz war lang, ergibt aber Sinn. Lesen Sie ihn ruhig nochmal und lassen Sie das in Klammern Geschriebene beim zweiten Mal aus).

Traut er mir nicht zu, anzuerkennen, dass ich weiß, dass er auch nur ein Mensch ist (genau wie ich), der um Worte ringend versucht, mich von seiner Meinung / seiner Buchwelt / seinem Was-auch-immer zu überzeugen? Oder will er mir zeigen, dass seine Worte Allgemeingültigkeit haben, sich von allein ergeben und er sie wie ein Medium nur niedergeschrieben hat?

Wie auch immer, ich will ehrlich mit Ihnen sein, lieber Leser. Meine Worte haben keine Allgemeingültigkeit. Sie sind nichts weiter als meine systematisch aufgearbeiteten und von mir selbst in Worte gefassten Beobachtungen von Humor.

Und ich kann Ihnen sagen, diese Worte schreiben sich nicht von allein. Ich muss um jedes von ihnen ringen. Manchmal lösche ich auch Sätze wieder oder traue mich nicht mehr, sie ein zweites Mal zu lesen, weil ich denke, dass sie schlecht sind und dann - lösche ich sie auch.

Schreiben ist harte Arbeit und über das wohl lustigste Thema der Welt - HUMOR - zu schreiben, ist alles andere als lustig. Trotzdem fange ich an und wenn Sie dieses Buch gerade in der einen Hand halten, weil sie mit der anderen Ihren Kugelschreiber zücken, um Ihren 10-Stunden-Lese-Vertrag mit mir zu schließen, dann habe ich es wohl auch zu Ende gebracht.

Ob an dieser Stelle schon ein Glückwunsch angebracht ist? Zu früh? Vielleicht. Aber es motiviert mich trotzdem.

Die Tatsache, dass Sie gerade diese Zeilen lesen und auf Ihren Lippen zumindest der Anflug eines Lächelns sichtbar ist, motiviert mich, weiter zu schreiben. In der Komik nennt man das achronales Erzählen. Oder war es paradoxes Erzählen? Wissen Sie was? Wir finden es gemeinsam heraus. Kommen Sie mit, unsere Reise in die Komik beginnt.

Das Spiel mit Worten und die Akrobatik der Buchstaben

Wortspiele sind wie Fleisch: Nämlich nichts für Pro-Viehs.

Das Wortspiel ist die wohl simpelste und am häufigsten anzutreffende Art des Humors, ist es doch leicht herstellbar und bedarf keiner großen Vorkenntnis. Oft genügt es schon, die Silben eines Wortes auszutauschen, um für einen Schmunzler zu sorgen oder wie im Anfangssatz dieses Kapitels, nur die Schreibweise zu ändern und dadurch bei gleicher Aussprache einen neuen Sinn zu schaffen.

Ähnlich verhält es sich auch mit den sogenannten Agathe Bauer Songs. Durch das Missverständnis von "I've got the Power", oder anderer Songzeilen werden aufgrund einer eingedeutschten Schreibweise vermeintlich banale Songtexte zum Teil zu kruden Frivolitäten.

Sicherlich haben Sie auch schon mal mit Worten herumgespielt, sie verdreht, vertauscht oder in sonst einer Weise verändert. Jeder kennt das „Schittebön" statt des normalen Bitteschöns oder das "Schankedön" statt eines regulären Dankeschöns.

Besonders effektiv ist diese Methodik der Wortakrobatik, wenn dabei Sprachen gemixt werden. So wird beispielsweise aus dem englischen nobody cares (niemanden interessiert es) ein denglisches nobody kehrs (niemand macht sauber), oder aus dem leider schon verstorbenen Sänger der Band Queen wird der indische Freddy MehrCurry.

Doch so leicht Wortspiele auch generierbar sind, so schwer ist es, sie in andere Sprachen zu übertragen, da sie ja schließlich durch die Exploitation einer Sprache entstehen und damit untrennbar mit der Zielsprache verwoben sind.

Das gilt auch für die Königsdisziplin der Wortspiele: absurde Konstruktionen. Eines der bekanntesten Beispiele hierzu lautet: "Wer nach allen Seiten offen ist, ist nicht ganz dicht." Durch die Verquickung von Mundart und wörtlicher Interpretation entsteht so ein skurriles Paradoxon, welches das humoristische Element darstellt.

Wir können Wortspiele ihrer Entstehung nach also in drei Kategorien einteilen. Geordnet nach künstlerischer Qualität (aufsteigend) sieht das dann so aus: Vertauschte Silben oder Wörter > veränderter Inhalt durch geänderte Schreibweise > Absurdität durch skurrile Kombinationen.

Die meisten Wortspiele entstehen spontan, aus einer Situation heraus. Deshalb haben viele den Eindruck, dass man entweder eine Gabe bzw. ein Talent für derartige Wortakrobatik besitzen muss, oder eben nicht dazu in der Lage ist. Doch das stimmt nicht. Jeder kann gute Wortspiele bilden oder lustige Absurditäten erschaffen. Das einzige, was Sie dazu benötigen, ist Übung.

Wenn Sie ein Meister der Wortspiele werden wollen, machen Sie es sich zur Angewohnheit, jeden Satz zu zerpflücken. Tun Sie dies, Ihrer Umwelt zuliebe, zunächst nur im Kopf. Vertauschen Sie die Silben, lassen Sie Worte weg, fügen Sie neue hinzu, ändern Sie Schreibweisen und binden Sie umgangssprachliche Floskeln mit ein. Am Anfang wird noch nicht viel davon wirklich lustig sein und erst recht nicht gut genug, um Freunde oder Kollegen damit zum Lachen zu bringen. Doch je mehr Wortspiele Sie machen, desto mehr gewinnen Sie ein Gefühl für die Nuancen Ihrer Sprache. Sie werden unbewusst Gesetzmäßigkeiten und Muster erkennen und immer besser werden.

Das Einzige Problem daran: Haben Sie einmal angefangen und Erfolge erlebt (zum Beispiel, wenn Sie den Modern Talking Star Dieter fragen, ob er bowlen gehen möchte), dann wird das Spiel mit Worten fester Bestandteil Ihres Alltags.

Dann aufhören Sie nicht mehr können, herumzudrehen die Worte. Was? Das war nicht lustig? Na ja, ich übe noch.

Der klassische Witz

Ich muss ungefähr vier oder fünf Jahre alt gewesen sein, als ich eine Erkenntnis erlangte, über die ich auch heute (ein paar Dutzend Jahre später) immer noch nachdenke. Sie war für mich von so einschneidender Bedeutung, dass ich fortan den Großteil meines Lebens nach ihr ausrichtete und heute dieses Buch schreibe (oder zumindest dieses Kapitel, die anderen schreibe ich morgen, versprochen).

Diese Erkenntnis war für mich sogar so wichtig, dass ich in Kauf nehme, Ihre Aufmerksamkeit mit dieser viel zu langen Vorrede zu verlieren. Selbst jetzt, da Sie genervt mit den Augen rollen und die Worte vor Ihrer Nase nur noch überfliegen, um zum entscheidenden Satz zu kommen, kann ich es immer noch nicht aussprechen. Deshalb schreibe ich es:

Wer lacht, hasst nicht.

Wenn in einer bedrohlichen Situation plötzlich gelacht wird, so verfliegt auch das Gefühl der Bedrohung. Ein Mensch, der uns anlacht, vor dem haben wir keine Angst und ein Mensch, der uns zum Lachen bringt, den mögen wir.

Humor ist ein wahrer Allrounder. Er kann Antipathien ab- und Sympathien aufbauen, er kann dafür sorgen dass sich Menschen verlieben oder eine langweilige Situation lustig wird. Humor ist der Retter in der Not. Nur leider sind wir Menschen in Not- oder Stresssituationen meistens nicht besonders gut darin, lustig zu sein. Und genau dafür gibt es den klassischen Witz.

Der klassische Witz ist in der Regel eine Anekdote, eine Kurzgeschichte oder ein Skript-Dialog. Wenn uns in einem Gespräch nichts einfällt, fragen wir unser Gegenüber einfach, ob er den Witz vom Fritzchen, den Schildbürgern, den Ostfriesen oder den Blondinen kennt. Okay, bevor Sie jetzt widersprechen, ich persönlich finde keinen dieser Witze lustig.

Weder die Ostfriesen, die in runden Häusern nicht in die Ecke pinkeln können (*hust), noch den kleinen Fritz mit seinem Fahrrad ohne Sitz (*doppelhust) und erst recht nicht die Blondine, die dank künstlicher Intelligenz zur Brünette wird (dreifach....na gut, ein bisschen lustig ist der schon, wenn auch sexistisch und politisch inkorrekt.)

Jedenfalls sind Witze die erste Art des Humors, an der sich ein Mensch im Kindesalter versucht. Schließlich ist für einen Witz keine *wirkliche* Eigenleistung außer der Rezitation nötig. Einen Witz muss man sich schlichtweg nur merken, wenn er einem erzählt wird.

Ist Ihnen übrigens schon mal aufgefallen, dass, sobald eine Person mit einem Witz anfängt, plötzlich jeder Gesprächsteilnehmer einen Witz erzählen will? Und dann noch einen...und dann noch einen. Ja, ist Ihnen also auch aufgefallen? Gut, dann bin ich beruhigt, dass nicht nur ich das so wahrnehme.

Umgekehrt habe ich jedoch auch bemerkt, dass in Situationen, in denen man gern einen Witz erzählen möchte (zum Beispiel weil in der Gesprächsrunde gerade einer einen gerissen hat), mir auf die Schnelle keiner einfällt.

Ich habe in meinem Leben bestimmt schon über tausend Witze gehört (um die 10% davon waren sogar gut), doch wenn man mir die Pistole mit den Worten „Erzähl einen Witz" an die Brust setzen würde, kämen nur die schlechten heraus.

Vielleicht mag ich deshalb die meisten klassischen Witze nicht. Und vielleicht werde ich auch gerade deshalb dieses Kapitel vorzeitig beenden. Glauben Sie mir, das nächste wird wieder interessanter.

Sollten Sie mir jedoch widersprechen und das nächste Kapitel furchtbar finden, dann bleiben Sie bitte noch hier und lesen einen meiner liebsten klassischen Witze. Ansonsten lassen Sie ihn weg.

Was? Sie kennen das nächste Kapitel noch gar nicht? Dann nichts wie hin! Fall's doch und Sie sind zurück gekommen, um den versprochenen Gag zu hören (dann Schande über Sie, weil Sie den "erinnernden Witz" nicht mochten") und:

Drei Freunde sitzen in einer Bar, da erscheint ein guter Geist und sagt: "Ich gewähre jedem von euch drei Wünsche. Gehen wir sie der Reihe nach durch und dann erfülle ich sie euch. Keine Hintergedanken."

Kurze Verwunderung, dann Schulterzucken bei den Freunden, gepaart mit der Entscheidung, es darauf ankommen zu lassen.

Es beginnt der erste Freund: "Ich will ein Traumhaus."

Freund 2 denkt sich: *Keine schlechte Idee* und wünscht sich das Gleiche.

Der dritte Freund überlegt, und überlegt, und wünscht sich schließlich, seine Arme mögen wie wild herumwackeln.

Es beginnt die zweite Runde. Der erste Freund sagt: "Ich will ein Topmodel zur Frau."

Freund 2 denkt sich abermals: *Keine schlechte Idee* und wünscht sich auch ein Topmodel.

Der dritte Freund überlegt, und überlegt, und wünscht sich schließlich, dass auch seine Beine wie wild herumwackeln mögen.

Runde 3: Der erste Freund sagt: "Ich will superreich sein."

Freund 2 (Sie haben es vermutlich schon erraten) denkt sich, dass dies wieder keine schlechte Idee ist, wünscht sich erneut das gleiche wie der erste Freund...

...und dann ist schließlich der dritte Kumpel mit seinem letzten Wunsch dran. Er überlegt, und überlegt, und wünscht sich, dass auch sein Kopf wie wild herumwackeln möge.

Der gute Geist erfüllt jedem seine Wünsche und die drei Freunde vereinbaren, sich in genau zehn Jahren in derselben Kneipe wieder zu treffen, um darüber zu sprechen, ob ihnen die erfüllten Wünsche Gutes oder Schlechtes gebracht haben.

Gesagt, getan. Die drei treffen zehn Jahre später wieder aufeinander und Freund 1 sagt: "Das war genial. Ich habe ein super Haus, eine tolle Frau und bin reich. Mir könnte es nicht besser gehen."

Freund 2 nickt und stimmt dem ersten zu. Beide schauen zum dritten Freund, der mit wackelnden Gliedmaßen am Tisch sitzt und durch die Rotation seines Kopfes Mühe hat, eine Antwort zu formulieren.

Er sagt: "Hey Leute, ich glaube langsam, dass ich mir Scheiße gewünscht habe."

Ende des Witzes. Sie können nun wieder zum Kapitel "Slapstick" übergehen. Oder doch erst noch zum "erinnernden Witz"? Sie haben mich jetzt ganz durcheinander gebracht. Denken wir nicht darüber nach, und lassen Sie uns einfach umblättern, okay?

Der erinnernde Witz

Willkommen in meinem Lieblingskapitel. Hier haben wir es mit einem humoristischen Element zu tun, welches zwar Geduld und Überblick erfordert, dafür den Benutzenden mit anerkennendem Lachen belohnt. Ich nenne es, den *erinnernden Witz*.

Sie kennen folgende Situation: Jemand macht im Gespräch eine Bemerkung (im Zusammenhang mit dem erinnernden Witz, nennen wir diese Bemerkung "Anker"), die geeignet ist, im Gedächtnis zu bleiben. Im Anschluss geht die Unterhaltung weiter und nach einiger Zeit wird der Anker hochgezogen, indem gesagt wird: "So viel zum Thema (Bemerkung)". Das ist die einfachste Form des erinnernden Witzes, die Sie höchstwahrscheinlich schon einmal selbst — vielleicht sogar unbewusst — angewendet haben.

Zuletzt ist mir der erinnernde Witz bei einem anderen Comedian aufgefallen. Ich hoffe, er nimmt es mir nicht übel, dass er jetzt für dieses Kapitel herhalten muss. Es handelt sich um Kaya Yanar, den deutsch-türkisch-schweizerischen Was-guckst-du-Star (das waren aber viele Bindestriche. Sorry, kommt nicht nochmal vor.)

In seinem Programm "Reiz der Schweiz" gibt es relativ am Anfang einen Part, in dem Kaya erzählt, wie er gemeinsam mit seiner Freundin einen Yoga-Kurs besucht und sich dort so sehr zum *Inder* macht (wenn Sie das Programm kennen, verstehen Sie den Witz, wenn nicht, werden Sie wohl gerade die Stirn runzeln), dass er rausgeworfen wird.

An sich ist die Geschichte schon lustig, dient aber gleichzeitig auch als Anker, den wir uns merken müssen. Das Programm geht weiter, Yanar pointiert im Stakkato Skurrilitäten des nachbarländischen Bergvolks und kommt relativ am Ende seines Programms darauf zu sprechen, dass er Mitglied einer Gemeinde der Schweiz werden wollte.

Diese Gemeinde lud ihn zu einem Kennenlernen ein, um herauszufinden, ob Yanar auch zu ihnen passt. Eines der Gemeindemitglieder sagte dann: „Den nehmen wir nicht. Ich kenne ihn vom Yoga." Zack, da ist er: Der erinnernde Witz.

Für sich allein genommen ist die Bemerkung „Ich kenne ihn vom Yoga" überhaupt nicht lustig, entlockt uns maximal ein müdes Schmunzeln. Doch durch die Ankersetzung, in der unser deutsch-türkisch-schweizerische Was-guckst-du-Star (sorry, ich konnte mir die Bindestriche schon wieder nicht verkneifen) aus dem Yoga Kurs geflogen ist, weil er den Lehrer mit seiner Indien-Parodie zur Weißglut brachte, fing der ganze Saal an zu lachen.

Und das war keines dieser Affekt-Gelächter, die schnell aufkommen und genauso schnell wieder enden. Es war eines dieser anerkennenden, mit kräftigem Beifall gemischten Respekt-Gelächter.

Genau das gleiche können Sie auch generieren, indem Sie so oft es geht Anker setzen und diese bei passender Gelegenheit einholen.

Das Gute daran ist: Sie müssen bei der Ankersetzung noch nicht einmal wissen, wie der Witz enden soll. Meistens genügt es, Zeit vergehen zu lassen und auf eine Assoziation zu warten. Wenn Sie dann den Spruch „So viel zum Thema..." anwenden, haben Sie die Essenz des erinnernden Witzes verstanden.

Ein anderes Beispiel (wenn auch vielleicht nicht so gut wie das von Yanar) stammt von einem Komiker, den ich sehr schätze. Genau genommen schätze ich ihn von allen Comedians am meisten. Vielleicht haben Sie schon mal von ihm gehört. Jedenfalls hat dieser Komiker in seinem Buch "Encyclopædia Comédica" im Vorwort auch einen Anker ausgesetzt, den er zum Schluss des Vorwortes (komische Formulierung) wieder einholte.

Wenn Sie das Buch gelesen haben, wissen Sie, was ich meine: Die imaginäre Unterschrift. Am Anfang beschrieb dieser Leuteritz selbige ganz allgemein, sagte, dass der Leser mit dem Beginnen eines Buches einen 10-Stunden-Lesevertrag eingeht. Am Ende des Anfangs (schon wieder diese eigenartige Formulierung) forderte dieser eigenartig schreibende Benjamin Leuteritz dann besagte Unterschrift von Ihnen ein. Zack, ein erinnernder Witz. Und wenn ich mich recht "erinnere", haben Sie an dieser Stelle sogar gelacht. Geben Sie es zu. Nein? Dann aber zumindest geschmunzelt.

Slapstick

Mein bester Freund (und ich meine hier wirklich nicht nur irgendeinen Freund, sondern meinen besten) hat mich mal mit ernster Miene und einem Klang in der Stimme, der keinen Widerspruch duldete, um etwas gebeten, von dem ich mir nicht sicher bin, ob ich es tatsächlich tun werde, wenn es nötig wird.

Er meinte: „Wenn der Tag kommt, an dem einer von uns beiden furzt und der andere nicht lacht, dann muss der eine den jeweils anderen umbringen. Denn dann hat alles, was wir hier tun, gar keinen Sinn mehr."

Ja, furzen ist lustig. Genauso ist es immer (und ich meine "immer" im wörtlichen Sinne) lustig, wenn einem Mann ein Gegenstand in die Kronjuwelen geschleudert wird und dieser sich daraufhin vor Schmerzen krümmt.

Wissen Sie was? Ich nehme das wörtlich gemeinte „immer" zurück. Wenn ich dieser Mann wäre, ginge selbstverständlich das humoristische Element verloren. Aber Sie wissen, was ich meine: Nicht letale Gewalt, die anderen zugefügt wird, finden Menschen (ob sie es zugeben oder nicht) so gut wie immer lustig.

Warum sonst haben Fail Compilations auf Youtube so viele Klicks? Oder warum versucht der verzweifelte Vater sein weinendes Kind zum Lachen zu bringen, indem er sich selbst weh tut? Ganz klar: Weil es funktioniert!

Gegen diese Art des Humors können wir uns nicht wehren. Er ist archetypisch und steckt tief in uns drin. Klar können wir nachträglich kognitiv dem Furz von vorhin die Komik absprechen (*sooo* lustig war das nun auch nicht), gelacht haben wir aber trotzdem. Und wenn es wieder passiert, werden wir wieder lachen.

Früher dachte ich, Slapstick sei komisch, weil wir etwas Unvorhergesehenes geboten bekommen und deshalb lachen, weil wir nicht mit dem Fail / dem Unfall / der Gewalt / dem was-auch-immer gerechnet haben. Doch die oben genannten vielgeklickten Fail Compilations auf Youtube haben mich eines besseren belehrt.

Bei denen weiß ich oft ziemlich genau, was passieren wird. Wenn in der Überschrift „Fail" steht und im Video dann ein Hausabriss zu sehen ist, dann weiß ich, dass dieser nicht so ablaufen wird, wie vom Sprengmeister ursprünglich vorgesehen war. Und wenn dann das Haus tatsächlich unvorteilhaft zusammenfällt und gegebenenfalls sogar das nahestehende Auto des schusseligen Sprengmeisters unter sich begräbt, dann finde ich das nicht nur schmerzhaft passend, sondern auch lustig. Obwohl ich wusste, dass es passieren würde.

Wenn es also nicht das Unvorhergesehene ist, was uns beim Slapstick zum Lachen bringt, was ist es dann? Bei Bud Spencer und Terence Hill Filmen wissen wir ja schließlich auch, dass Buddy seinen Gegner von oben mit geballter Faust auf die Rübe hauen wird und Hill mit geschickten Sprüngen den seinen austrickst. Das ist vorhersehbarer Slapstick und trotzdem lustig.

Um zu erklären, warum dieser Humor dennoch funktioniert, muss ich noch einmal das weinende Baby heranziehen, das durch die Schmerzen des Vaters zum Lachen gebracht wird.

Ein Kind entwickelt erst im Alter von circa drei Jahren das, was wir ein Ich-Bewusstsein nennen. Wissenschaftler gehen davon aus, dass dies mit der Verwendung von Sprache zusammenhängt. Schließlich beruht ja auch das Denken eines Erwachsenen zum Großteil auf Sprache. Wir denken nicht unbedingt in Bildern und Zusammenhängen, sondern in Worten.

Ein Baby kennt aber noch keine Worte. Witze, lustige Anekdoten oder Wortspiele würde es also nicht verstehen. Slapstick hingegen schon. Das hängt damit zusammen, dass Slapstick-Ereignisse nicht nachträglich rationalisiert werden, um das komische Element herauszulösen (wie bei einem Witz, dessen Pointe man verstehen muss).

Vielmehr ist es so, dass Slapstick das ventrale Striatum unseres Gehirns direkt beeinflusst. Wenn Sie mit dem Begriff ventrales Striatum nichts anfangen können: umgangssprachlich wird es auch Belohnungszentrum genannt. Slapstick sorgt dafür, dass dieses Striatum Hormone und Botenstoffe freisetzt, die uns Glücksgefühle verschaffen. Die Folge: wir fühlen uns gut und lachen.

Ein Koch serviert seine in zwei Stunden mühsam angefertigte Speise, stolpert auf dem Weg, lässt die Speise fallen – *zack* – das ventrale Striatum setzt Botenstoffe frei und – *zack* – wir müssen uns das Lachen verkneifen, damit der Koch nicht noch saurer wird als er durch sein Missgeschick ohnehin schon ist.

(An dieser Stelle habe ich überlegt, ob ich noch eins draufsetze und schreibe, dass sich der Koch ja dann geschmacklich der Zitrone in seinem Gericht annähern würde. Das war beim zweiten Lesen aber nicht mehr witzig, deshalb kam es weg. Da ich aber so schlecht im Rausschneiden bin, ist der unlustige Witz – ganz trickreich - doch noch irgendwie drin geblieben. Clever, oder?)

Haben Sie eigentlich schon mal einen Disney-Film gesehen? Oder einen Marvel-Film? Ja ja, ich weiß, das ist doch dasselbe. Aber ist Ihnen schon mal aufgefallen, dass der Humor in den Filmen dieses Konzerns fast ausschließlich auf Slapstick setzt? Ja? Gut, da bin ich aber froh, dass ich nicht der Einzige bin, dem das auffällt.

Was? Sie wollen wissen, warum? Das liegt doch auf der Hand: Egal wie schlau oder wie dumm, wie alt oder wie jung, wie deutsch, amerikanisch oder andersländisch jemand ist, über Slapstick wird er lachen. Es muss kein Wissen vorausgesetzt, keine Kultur unterstellt und keine Heuristik angenommen werden. Mit Slapstick kann mich sich die Lacher quasi fast schon kostenlos abholen.

Wenn Sie also beim nächsten Date nicht wissen, wie Sie den potentiellen Partner zum Lachen bringen können, weil Ihnen gerade kein klassischer Witz einfällt (warum vergisst man die in Stresssituationen immer?!), dann hauen Sie sich doch einfach mal auf den Kopf. Sie werden staunen, wie Ihr Gegenüber reagiert.

PS: Tun sie das nicht. Slapstick ist primitiver Humor. Merken Sie sich lieber einen der guten Witze aus diesem Buch und rezitieren diesen. Was? Dieses Buch hat keine(n) Guten? Sie haben es doch noch nicht einmal zu Ende gelesen! Los, machen Sie beim nächsten Kapitel weiter und überdenken Sie Ihr Urteil noch einmal. Ich warte hier auf Sie.

Tierisch guter Humor

Worüber lachen Tiere? Lachen Tiere überhaupt? Ist Humor ausschließlich uns Menschen vorbehalten oder gibt es noch andere Spezies, die in der Lage sind, einer Entität etwas Komisches abzugewinnen

Falls Sie es noch nicht wussten, ich habe zwei Kater. Der eine besucht mich hauptsächlich des Morgens nach durchzechten Nächten, der andere bewohnt in der Regel mein Wohnzimmer und hinterlässt gern graue Haare, überall dort, wo er mal ein paar Sekunden gelegen hat.

In diesem Kapitel wollen wir uns mit dem Letztgenanntem auseinandersetzen und den erstgenannten mit einer Tablette (hab sie grad genommen... dürfte in einer halben Stunde wirken) vergessen machen.

Mein Kater, nennen wir ihn Bruno (zum einen weil er wirklich so heißt und zum anderen, weil es ein toller Name für einen grauen britisch Kurzhaar ist), dieser Bruno wurde im Zuge der Recherchen dieses Buches mein erstes Opfer, um herauszufinden, ob Tiere Humor haben.

Wenn ich genau darüber nachdenke, scheint mein Bruno an einer Art gespaltener Persönlichkeit zu leiden oder zumindest in zwei sich widersprechenden Ausprägungen zu existieren: Den fass-mich-nicht-an-sonst-haue-ich-dich-Bruno und den streichel-mich-sonst-haue-dich-dich-Bruno. Zunächst sind beide nicht sofort voneinander zu unterscheiden, aber meine schmerzgewohnte Hand erkennt nach physischem Kontakt relativ schnell, um welchen Bruno es sich gerade handelt. Doch verlassen wir den blutig-aufgeriebenen Teil des Kapitels und wenden uns Bruno im Rahmen unserer Forschung nun dem lustigen Part zu.

Stellen Sie sich folgende Situation vor: Ich stehe in der Küche und bereite mein Essen zu. Mein getreuer Bruno sitzt neben mir und beobachtet das Treiben. Als mein Teller wohl gefüllt ist und ich mich zum Aufbruch mache, verschätze ich mich im Neigungsgrad des Tellers (vermutlich kennen Sie das) und ein guter Teil der Soße meines Gerichtes macht sich selbstständig und landet auf dem Küchenboden. Ich schaue nach unten, ich schaue nach oben, stelle fest, dass mir mein Essen jetzt zu trocken ist und lege es entnervt weg.

Dann fällt mein Blick auf Bruno. Er hat alles mit angesehen, ist sogar einen Millimeter zurück gegangen als die Soße den Boden berührte, hat aber keine Miene verzogen. Ich schaue ihn nun an und er erwidert meinen Blick.

Wäre er ein Mensch, hätte er schon längst gelacht. Ist er aber nicht. Er ist ein Kater, der mich gerade mit großen Augen betrachtet und dem vermutlich gerade dämmert, dass, wenn ich die trockene Pampe auf dem Teller nicht essen will, *er* vermutlich zum Zug kommen wird.

Doch hat er gelacht? Hat er sich über mein Missgeschick amüsiert? Wie würde ich es überhaupt bemerken? Vielleicht lachen Katzen ja nur innerlich und der einzige Weg, herauszufinden, ob Bruno wirklich lacht, besteht darin, ihn an Elektroden anzuschließen und seine Hirn-aktivitäten beim Runterfallen der Soße zu analysieren.

Aber würde ich überhaupt schlau daraus? Und wie bitte schön soll ich meinem berührungsscheuen Kater an Elektroden anschließen, wenn er sich noch nicht einmal streicheln lässt, solange er nicht vorher an meiner Hand geschnuppert hat?

Die Beobachtung meines Brunos bringt mich also nicht weiter. Wir Menschen sind ja in gewisser Hinsicht ziemlich egoman. Da wir *lachen*, wenn wir etwas lustig finden, gehen wir davon aus, dass Spezies, die nicht lachen, ergo keinen Humor haben können.

Jedoch gibt es neben Gelächter noch einen weiteren Indikator für den Besitz von Komik: konkludentes Handeln. Wenn ein Tier eine Tätigkeit ausübt, die offenbar keinen Sinn hat, weil sie weder der Fortpflanzung, noch der Nahrungsaufnahme, noch dem Schutz oder sonstigen tierischen sowie menschlichen Grundbedürfnissen dient, dann können wir davon aus-gehen, dass das Tier dies zum Vergnügen tut. Sprich: ein-fach nur weil es Lust darauf hat und Freude empfindet.

Solche Tätigkeiten sind im Tierreich zwar höchst selten, dennoch kommen sie vor und beweisen damit, dass auch Tiere witzig sein können. Hierzu mein Lieblingsbeispiel:

Ornithologen haben herausgefunden, dass unter anderem Krähen einen ausgeprägten Sinn für Humor besitzen. Das ist deshalb aufgefallen, da wir Menschen gern das Ziel der humoristischen Attacken von Krähen darstellen. Aus Klagenfurt kommen des Öfteren Berichte von

Fahrradfahrern, die von Krähen belästigt wurden. Die Krähen fliegen nah an die Biker heran, erschrecken sie, kacken auf ihre Köpfe oder treiben anderen Schabernack.

Meiner Meinung nach lässt dieses Verhalten keinen anderen Schluss zu als: Krähen lieben es, Menschen anzuscheißen oder Fahrradfahrer zum Stürzen zu bringen. Die Attacken dienen nicht der Beschaffung von Nahrung, sie erhöhen nicht den Schutz der Krähen. Im Gegenteil sogar: Die Krähe muss ein Risiko eingehen, um einen Menschen zu ärgern. Dass sie es trotzdem tut, ist ein Beweis dafür, dass sie offenbar Freude an ihrer Interaktion mit Menschen hat.

Wenn Sie immer noch nicht überzeugt sind, dass es tierisch guten Humor gibt, so will ich Ihnen noch ein Beispiel nennen, über das wir im Anschluss gern streiten können, wenn Sie wollen. Es geht um Affen.

Sowohl bei Schimpansen als auch Orang Utans wurde festgestellt, dass sie menschenähnliche Gesten des Lachens aussenden, wenn ihnen Slapstick begegnet.

Ein Beispiel: Schimpansen neigen dazu, ihre Neuge-borenen oder den Partner beim Liebesakt zu kitzeln. Sowohl der Gekitzelte als auch der Kitzler (blödes Wort, vielleicht tausche ich es noch aus) beginnen daraufhin zu lachen. Bei Affen ist es also sehr eindeutig und auch menschenähnlich, wenn sie komisches Verhalten an den Tag legen. Wie bitte? Ach ja, stimmt, wir wollten diskutieren.

Sie sagen also, dass Affen ein schlechtes Beispiel für tierischen Humor darstellen, da sie ja schließlich mit uns

Menschen artverwandt sind. Wissen Sie was, Sie haben recht! Lassen Sie uns deshalb noch ein drittes Beispiel heranziehen, einverstanden?

Gut, hier ist es: Im südamerikanischen Regenwald gibt es immer wieder Beobachtungen von Papagei-Familien, bei denen der eine Papagei so tut, als hätte er die Fähigkeit des Fliegens verloren. Er macht daraufhin Anstalten, vom Ast hinunter zu fallen, federt aber im richtigen Moment seinen Sturz ab (auf dieses schlechte Wortspiel bin ich übrigens besonders stolz. Haben Sie es verstanden? Er "federt" ab. Ja ja, schon gut, ich weiß. Der war schlecht. Kommt nicht wieder vor. Lesen Sie einfach weiter und tun wir so, als wäre der Witz von meinem Lektor entfernt worden.) In der Folge fängt der restliche Schwarm mit wildem Geschnatter an. Die Interpretation ist klar: Der fallende Vogel ist der Slapstick-Komödiant und seine Familie das lachende Publikum. Faszinierend, oder?

Wissen Sie was, eigentlich sollte das Kapitel hier enden. Ist ja schließlich schon lang genug. Aber irgendetwas an Ihrem Blick sagt mir, dass Sie noch nicht ganz überzeugt sind. Extra für Sie gibt es deshalb jetzt Beispiel Numero 4:

Delfine haben genauso wie Hunde bereits eine Anatomie, du uns Menschen mutmaßen lässt, dass sie die ganze Zeit mindestens lächeln, vielleicht sogar auch lachen würden. Dass beide Tierarten tatsächlich Freude empfinden können, wird deutlich, wenn Mensch und Delfin oder Mensch und Hund gemeinsam Ball spielen und das Tier den Gegenstand – scheinbar sinnfrei – immer wieder zurück bringt, nachdem man ihn weggeworfen hat. Hier können wir zumindest schon einmal spielerische Freude unterstellen. Interessant wird es aber, wenn der Delfin dem Menschen den Ball aus der Hand stupst oder ihn so auf der Wasseroberfläche aufkommen lässt, sodass der humanoide Spielgefährte übermäßig nass wird. Wenn der Delfin im Anschluss anfängt zu röhren, ist eines absolut klar: Das fischige Säugetier hat sich gerade über uns lustig gemacht.

Ironie und Zynismus, die Stützpfeiler der Satire

Manch einer würde sagen, dieses Buch hier sei Satire. Stimmt aber nicht! Schließlich mache ich mich nicht über Humor lustig, sondern gebrauche ihn, um ihn zu beschreiben. Zwar nutze ich ironische und zynische Elemente dafür, aber das heißt doch nicht gleich, dass...

Wissen Sie was? Sie haben recht. Mein Buch ist satirisch. Oder kann etwas ironisch und zynisch sein, ohne dass es den Stempel der Satire bekommt? Schwierige Frage, und ich glaube, ich habe eine Antwort.

Wenn Sie auf einen Satz oder einen Gedanken in meinem Buch treffen, dem sie voll und ganz zustimmen, dann war dieser natürlich ernst gemeint. Wenn Sie jedoch etwas lächerlich finden, dann war dies Satire. Ja, lassen Sie es uns so machen.

Beginnen wir mit etwas ernst gemeintem: Was ist der Unterschied zwischen Ironie und Zynismus? Keine Angst, ich werde hier nicht den Duden oder Brockhaus zitieren, sondern eine Erklärung, bzw. Ausdifferenzierung mit nur einem Wort liefern: Schmerz. (Kurze Pause, in der Sie die Erklärung sacken lassen) Okay, Ihrer gerunzelten Stirn nach zu urteilen, hat dieses eine Wort wohl doch nicht gereicht. Formulieren wir es (Ihnen zuliebe) aus: Zynismus = Ironie + Schmerz (entweder vom Zyniker oder von des Zynikers Opfer). Wenn ich ironisch bin, mache ich eine in sich nicht schlüssige

Behauptung bzw. eine These, die der Realität entgegenläuft. Mache ich diese Behauptung zynisch, dann ist sie nicht nur lustig, sondern tut auch noch weh. Wollen wir uns auf diese Definition einigen, lieber Leser? Rhetorische Frage. Sie haben ja keine andere Wahl. Also, weiter geht's.

Nachdem wir Ironie und Zynismus getrennt haben, schauen wir uns an, wie und warum beide funktionieren und die Königsdisziplin (ich bin mir nicht sicher, ob ich dieses Wort nicht etwas zu häufig verwende) Satire bilden.

Hier ist es so ähnlich wie bei den Wortspielen. Absurditäten und nicht zusammenpassendes scheinen wir Menschen generell lustig zu finden. Wenn ich jemanden frage, wie alt er ist und er antwortet: Ich heiße Heinrich. Dann ist das lustig und eindeutig der Ironie zuzuordnen. Wenn ein Onkologe an Krebs stirbt, dann ist es Zynismus. Wir wissen zwar, dass wir darüber nicht lachen dürfen, weil Krebs per sé etwas sehr Schlimmes ist. Und vor allem wollen wir nicht darüber lachen, weil wir Mitleid mit dem Onkologen haben und uns dann schlecht fühlen. Schließlich ist das Lachen über einen Toten sehr pietätlos. Dennoch können wir dieser Situation nicht das zynische und damit (leider auch) komische Element absprechen.

Denn in beiden Fällen (sowohl bei Heinrich als auch dem Onkologen) kollidieren Dinge miteinander, die wir nicht in Verbindung erwartet hätten. Und hier scheint es mir anders zu sein als beim bereits in einem anderen Kapitel beschriebenen Slapstick. Das Moment der Überraschung mit einer Information, die wir von ihrer Art her nicht erwartet hätten, scheint das Fundament der Komik der Satire zu bilden.

Beobachtungen, nichts ist lustiger als die Realität

Eigentlich bedarf es keiner Komiker, um uns Menschen zum Lachen zu bringen. Die Absurdität der Realität ist ein Füllhorn an Kreativität. Oder wie man es auch ausdrücken könnte: Gott schaut am liebsten schwarze Komödien und wir sind die Protagonisten.

Immer wenn ich mir aus Versehen den Kopf stoße, stolpere oder mir irgendein anderes Missgeschick widerfährt, dann denke ich mir: Lieber Gott, ich kann nur hoffen, dass du gerade herzhaft gelacht hast, damit wenigstens einer seinen Spaß hatte. Und je länger ich lebe (wodurch der Counter der Kopfstöße und Stolpereien immer größer wird), desto mehr glaube ich, dass mich Gott nie sterben lassen wird. Denn dann entgingen ihm Slapstick-Einlagen vom Feinsten. Oder Gott plant mit mir einen großen, fulminanten Abschluss-Gag, dessen Pointe nur er mitbekommen wird. Wer weiß.

Jedenfalls erhebt die Gabe der Beobachtung selbst den humorlosesten Menschen zum Top-Komiker. Sie kennen sicherlich solche Leute, die einfach nur Punkt für Punkt beschreiben, was ihnen am vorigen Tag so alles passiert ist, und die Zuhörerschaft hält sich den Bauch vor Lachen. Und wenn Sie dieses Buch gekauft haben, um lustiger und humorvoller zu werden, dann kennen Sie wahrscheinlich auch den umgekehrten Fall:

Sie beschreiben vermeintlich lustige Ereignisse ihrer letzten Tage oder Dinge, die Sie beobachtet haben und schauen dann erwartungsvoll Ihr Gegenüber an, in der Hoffnung, dieses Gegenüber gleich losprusten zu sehen. Doch dann: Nichts. Oder maximal ein gequältes Grinsen, von dem sowohl der Sendende als auch der Empfänger wissen, dass es mitleidig gemeint ist. Doch was haben Sie falsch gemacht? Warum sind Beobachtungen von der einen Person lustig und von der anderen aber nicht? Worin liegt der Unterschied?

Zunächst einmal müssen wir Beobachtungen in zwei Kategorien einteilen: die vergleichende Beobachtung und die inhärente Beobachtung. Bei der vergleichenden ist es relativ einfach, einen Lacher zu generieren, da das komische Element nicht unbedingt der Vergleich selbst, sondern der Inhalt des Verglichenen ist.

Beispiel: Ihnen fällt auf, dass ein Vorgang sehr langsam vonstatten geht. Um es konkret zu machen: Sie warten auf jemanden, der nicht kommt. Voll des Humores schreiben Sie dieser zu spät kommenden Person: „Da ist ja der BER schon längst fertig, ehe du endlich mal kommst." Zack – garantierter Lacher, und das ganz ohne Anstrengung. Der Vorteil des beobachtenden Vergleichs ist, dass uns die Arbeit quasi schon abgenommen wurde. Die Administration des BER hat im Laufe der Jahre hart daran gearbeitet, dass allein die Nennung BER im Zu-sammenhang mit Verspätungen, Teuerungen, Miss-management, usw. bereits ein komisches Element darstellt.

Schwieriger wird es bei der inhärenten Beobachtung. Bleiben wir der Einfachheit halber beim BER. Wenn ich die Bulletpoints der Entwicklung dieses Flughafens einfach nur vorlesen würde, entstünde vermutlich nur mäßige Komik. Die Absurdität der Fehlkalkulationen wird zwar auch deutlich, genügt aber nicht, um wirkliche Lacher und nicht nur Schmunzler hervorzubringen.

Die Beobachtung muss also bearbeitet werden, damit sie lustig wird. Und jetzt kommt der Teil, bei dem Sie genau zuhören müssen, wenn Sie zukünftig brüllend komische Beobachtungen anstellen wollen. Merken Sie sich zwei Worte: Simplizität und Plakativität. Ja, ich weiß, das waren drei. Lassen Sie einfach das "und" weg, okay?

Damit eine Beobachtung humoristisch greifbar wird, muss sie auf ihren Kern heruntergebrochen werden. Ermitteln Sie die Essenz des Gesehenen und verbalisieren Sie diese. Das ist Schritt 1 (Simplizität). Danach kommt Schritt 2 (Plakativität). Hier müssen Sie die dahinterstehende Bedeutung bzw. Interpretation des Beobachteten eruieren und auf ein Klischee bzw. eine Stereotype herunterbrechen. In der Folge erhalten Sie eine pointierte Beobachtung, die Ihnen wohlwollende Lacher einbringt.

Zu kompliziert? Stimmt, finde ich auch. Lassen Sie uns deshalb zur inhärenten Beobachtung ein Beispiel exzerpieren: Was jetzt folgt, ist eine wahre Geschichte. Sie muss auch wahr sein, da ich ansonsten juristische Repressalien erwarten müsste, wenn ich sie mir ausgedacht hätte.

Sie kennen doch sicherlich die Deutsche Bahn (im besten Fall habe ich jetzt schon einen Lacher von Ihnen bekommen, da Ihr "vergleichender Humor" Trigger-Wörter wie Verspätung, Streik oder ähnliches ausspuckt.)

Folgendes ist passiert: Ich habe eine Fahrt in die Schweiz gebucht, schon einige Monate im Voraus, da die Bahn Kurzentschlossene gern unverhältnismäßig zur Kasse bittet. Ein paar Tage vor der Abfahrt versuche ich, mir einen Reiseplan auszudrucken. Klappt nicht, auf dem Bildschirm steht irgendwas von „technischen Problemen". Vermutlich ist das die häufigste Wort-kombination in DB-Texten.

Ich schreibe also eine Email und bitte um eine Auskunft, wann ich mit welchem Zug fahren soll. Die Tage ver-gehen, eine Email kommt nicht, dafür aber der Abreisetermin. Irgendwie schaffe ich es dann doch, die richtigen Züge zu erwischen und komme (welch Wunder) pünktlich am Zielbahnhof in der Schweiz an. Als ich mir im Hotel WLAN besorge, öffne ich mein Email-Programm und – tada – (vermutlich haben Sie es schon erraten) die Bahn hat mir pünktlich zur Ankunft eine Antwort geschickt.

Inhalt: Wir haben keine Ahnung, welchen Zug Sie nehmen müssen. Gucken Sie bitte selbst mal. Na, vielen Dank fürs Gespräch. Nützlichste Mail aller Zeiten. (Übrigens habe ich auch genau das – ohne Begrüßung und ohne Verabschiedung – geantwortet, fand ich passend.)

Wenn ich alles richtig gemacht habe, haben Sie meinen Worten in den letzten Sekunden mindestens ein Lächeln, vielleicht sogar ein breites Grinsen geschenkt, da ich die Transferleistung der Simplifizierung und Plakativität bereits erbracht habe. Tatsächlich wäre meine Anekdote etwas weniger lustig gewesen, wenn ich sie vollständig und unreflektiert wiedergegeben hätte.

Jetzt folgt die Version ohne Transferleistung: Die Buchung der Fahrt gab es wirklich, und das auch sehr zeitig, um den Super-Spar-Preis zu erhalten. Wäre ich clever gewesen, hätte ich mir bereits am Buchungstag den Reiseplan ausgedruckt und in der Bahn-App eingestellt, mich bei Fahrplanänderungen zu informieren. Beides habe ich nicht getan. Es kam wie es kommen musste: Die Bahn änderte den Fahrplan und meine gebuchte Fahrt war folglich nicht mehr im System auffindbar. Als ich dann kurz vor der Abreise den Detailplan einsehen wollte, versuchte der Bahnservice auf eine Information zuzugreifen, die nicht mehr existierte. Die Folge: „Fatal error. Please contact support." Habe ich dann ja auch gemacht. Ergebnis: Bitte informieren Sie sich vor Ort über Gleis und Zugnummer.

Sie sehen, in der echten Geschichte trage ich sogar eine erhebliche Teilschuld an dem Missverständnis. Die Bahn beweist zwar auch in dieser Version *geballte Kompetenz*, kommt aber etwas besser weg als in der vorigen. Und das allerwichtigste: Die zweite Version regt nicht wirklich zum Grinsen geschweige denn zum Lachen an.

Um Beobachtungen wirklich witzig zu erzählen, müssen Sie also wie oben beschrieben erst aufbereitet werden. Um herauszufinden, wie Sie Ihre eigenen Geschichten am besten umsetzen können, erfinden Sie einfach mehrere

Versionen, tragen Sie unterschiedlichen Leuten vor und vergleichen, bei welchen Stilmitteln am meisten gelacht wurde und bei welchen Ihr Gegenüber verschämt zu Boden blickte, um Augenkontakt mit Ihnen zu vermeiden. Mit der Zeit entwickeln Sie dann ein Gespür dafür, wie Sie Geschichten in Szene setzen müssen, damit Sie funktionieren. Und wenn Sie den Gipfel der beobachtenden Komik erklommen haben, sind sogar die langweiligsten Anekdoten dazu geeignet, von Ihnen zum Besten gegeben zu werden.

Schwarzer Humor

Vermutlich wird dieses ganze Kapitel von meinem Lektor gestrichen. Ich weiß zwar noch nicht, in welcher Farbe, aber es wird gestrichen.

Entschuldigen Sie den schlechten Wortwitz, aber vermutlich werden Sie ihn ja sowieso nie lesen. Wenn Sie mich jetzt sehen könnten: ich recke die geballte Faust Richtung Lektor. Aber ich kann es ihm nicht verübeln, schließlich lebt schwarzer Humor davon, zu provozieren, politisch inkorrekt daher zu kommen, Menschen zu beleidigen, zu verunglimpfen oder schlichtweg gemein zu sein.

Als ich mich zu Recherchezwecken auf schwarzhumorige Seiten wie 9gag, 4chan oder andere begeben habe, ist mir ein Satz besonders im Gedächtnis geblieben: „Mein Humor ist so schwarz, dass er Baumwolle pflücken könnte." Ich denke, das beschreibt die dunkle Seite der Komik ganz gut und erklärt auch gleichzeitig, weshalb dieses Kapitel nie das Licht der Buchhandlung erblicken wird. Was eigentlich schade ist, da ich das sprachliche Bild mit dem Licht der Buchhandlung echt gelungen finde, aber was will man machen. Sie werden es nie zu Gesicht bekommen.

Da ich nun ganz allein bin und mal ein Kapitel ohne Sie, meinen allerliebsten Leser, schreibe, kann ich auch gleich die Sau rauslassen und mir ein paar Dinge von der Seele reden. Ich werde jetzt eine Art Selbstgespräch über schwarzen Humor führen. Wird bestimmt lustig. Ich beginne:

Zunächst einmal ist mir aufgefallen, dass schwarzer Humor eine andere Art von Lachen bei den Menschen hervorbringt als die restlichen Humortypen. Während sich "normales" Gelächter in der Regel im hochfrequenten Bereich abspielt und damit ein Stück weit der Kopfstimme zuzuordnen ist, scheint schwarzer Humor ein tieferes, kehligeres Lachen zu verursachen.

Im Rahmen von Wörtern ist dies ziemlich schwer rüber zu bringen, Ihnen zu liebe will ich es aber trotzdem versuchen. Wie bitte? Sie sind gar nicht mehr da? Ach ja, richtig. Das ist ja gerade ein Selbstgespräch. Hatte ich schon wieder vergessen. Wo waren wir? Ach ja, die Erklärung.

Wenn wir "normalem" Gelächter die Lautmalerei "hihi" zuordnen, wäre es beim schwarzhumorigen Gelächter ein "hoho". Wissen Sie jetzt, wie ich das meine mit der Frequenz? Nein? Moment mal, hatten Sie nicht gesagt, Sie wären gar nicht hier? Verwirren Sie mich bitte nicht. Ich darf mich von Ihnen nicht ablenken lassen, Sie der Sie nicht da sind und dieses Kapitel nie lesen werden.

Situationskomik, Humor der Umstände halber

Als ich noch ein kleiner Junge war, war es für mich das Größte, Zeit bei meinen Großeltern zu verbringen. Dort gab es mein Lieblingsessen, Fernsehen so viel ich wollte, einen großen Sandkasten, jede Menge Tiere (richtig geraten, meine Großeltern hatten einen Bauernhof) und das Wichtigste von allem: Keine Aufgaben und keine Regeln.

Die Zeit bei Oma und Opa war einfach schön. Manchmal wünsche ich mir, ich könnte die Uhr zurück drehen und alles noch einmal erleben. Vielleicht ist das auch der Grund, weshalb Sie sich gerade durch diese wieder einmal zu lange Einleitung quälen müssen: Während ich über meine Großeltern schreibe, fühle ich mich so als wäre ich bei ihnen. Übrigens ist das auch der Grund, weshalb ich Sie, lieber Leser, so oft anspreche. Ich will wissen, ob Sie noch da sind, will mit Ihnen gemeinsam das Buch schreiben. Alleine würde ich es vermutlich nicht schaffen.

Aber kommen wir zurück zum Thema. Mein Opa, leider schon verstorben, doch noch immer tief in meinem Herzen, war der wohl lustigste und humorvollste Mensch, den ich je kennen gelernt habe. Er ist gewissermaßen mein Vorbild in puncto Humor. Nicht nur, dass er immer einen witzigen Spruch zu jeder Situation parat hatte, er konnte auch Konflikte durch Humor auflösen. Vielleicht ist es unfair, dass mein Opa nur in diesem Kapitel vorkommt. Schließlich habe ich viele Erkenntnisse über die Struktur von Witzen von ihm gelernt. Aber in einem Punkt hat er mich unbewusst noch viel besser unterwiesen als im Bereich der Witze, nämlich in Bezug auf Situationskomik.

Ich glaube, ich war acht oder neun Jahre alt, als sich folgendes zugetragen hat: Mein Opa und ich haben Fernsehen geschaut. Wenn Sie (so wie ich) über 30 sind, dann kennen Sie das noch. Das ist dieses Ding mit Sendern und Programmplänen und vor allem: mit Werbung. Jedenfalls wurde unser Programm gerade von dieser sogenannten Werbung abgelöst und das war für uns das Zeichen für den Programmwechsel.

Oder haben Sie (der Sie über 30 sind) sich tatsächlich Werbung angeschaut oder gehörten Sie ebenfalls zu den Leuten, die die Pause nutzten, um zum Kühlschrank zu gehen bzw. zu schauen, was die anderen Sender so zu bieten haben? Gut, hätte ich auch anders nicht von Ihnen erwartet.

Opa und ich jedenfalls gehörten zu denen, die sehen wollten, was auf den anderen Sendern los war. Da ich die Fernsehzeitung gelesen hatte (noch so ein Ding aus grauer Vorzeit. Früher wurden die Programme der Sender tatsächlich auf gerodeten Bäumen verewigt), wusste ich, was auf den anderen Kanälen lief. Ich weiß nicht mehr genau, auf welchen Sender Opa (der immer der Herrscher der Fernbedienung war) wechseln sollte. Aber ich weiß noch, dass er dafür eine zweistellige Zahl eingeben musste.

Nehmen wir der Einfachheit halber an, er musste von Kanal 6 auf Kanal 12 wechseln. Wie tut man das? Klar, man drückt die 1 und dann die 2, und schon ist man auf Kanal 12. Bei uns war das nicht so. Mein Opa besah sich die Fernbedienung, drückte die 1, besah sich selbige Bedienung erneut und drückte dann die 2. Als er gewahr wird, was er gerade eingeschaltet hat, fragt er ungläubig: "DAS willst du sehen? Das ist doch Mist." Daraufhin ich: "Nein, Opa, das will ich nicht sehen. Das ist nämlich nicht Kanal 12, sondern Kanal 2."

Sie als aufmerksamer Leser wissen sicher, was passiert ist. Während Opa nach der Zwei suchte, wurde die Eins schon eingestellt.

Er hingegen sagt: "Quatsch. Ich habe doch auf eins und zwei gedrückt. Das muss die zwölf sein." Gedachtes Augenrollen von mir, damit es der Opa nicht sieht. Dann: "Du musst schneller drücken", sage ich. „Viel schneller".

Opa beschaut sich erneut die Fernbedienung, findet die eins und drückt sie. Dann erfolgt ein weiteres Studium der Tastatur, gefolgt von einem abermals verspäteten Druck der Taste 2. Der Kanal wechselt, Opa sieht mich an und sagt: „Jetzt ist es aber richtig, oder?"

Mir ist gleichzeitig zum Schreien und zum Lachen zumute. Ich sage: „Lass uns doch mal schauen, ob die Werbung mittlerweile vorbei ist."

So oder so ähnlich funktioniert Situationskomik. Mittlerweile wurde mir die Struktur dieses Witzes von der amerikanischen Mockumentary-Serie Modern Family "geklaut" (Ja ja, nicht geklaut, sie wurde nur abstrahiert), indem sich ein Sohn über den Vater aufregt, weil dieser mit der Computer-Mouse keinen Doppelklick, sondern (ob seiner Langsamkeit) zwei Klicks tätigt. Ich jedoch finde meine Anekdote besser. Was meinen Sie? Sie sind meiner Meinung? Super, dann haben Sie sich noch ein Beispiel für Situationskomik verdient.

Als ich in einem früheren Leben (gemeint ist ein früherer Job, aber das wussten Sie sicher schon) auf einem Seminar mit Übernachtungen in einem Hotel war, passierte mir folgendes: Ich besuchte des späten Abends einen meiner Kollegen, mit denen ich mich am besten verstand, zu einem gemeinsamen Umtrunk. Als ich schwankend des Zimmer des Kumpanen verließ, ging ich über einen langen Flur, auf der Suche nach meinem Raum mit dem kuscheligen Bett, in dem ich am nächsten Morgen verkatert aufwachen würde. (Statt verkatert hätte ich auch verBruno't schreiben können. Schließlich wissen Sie ja, dass meine männliche Katze so heißt. Aber ich fand dieses Wortspiel dann doch zu schlecht, um es ins Buch einzubauen.) Auf dem nächtlichen Rückweg zu meinem Zimmer öffnete sich plötzlich eine Tür auf dem Gang und einer meiner Kollegen – Heiko – kam zum Vorschein. Verwirrt fragte er: "Benny, was machst du denn so spät noch hier?"

Ich schaute auf die Nummer des Zimmers, aus dem er kam, und bemerkte, dass es sich um die Räumlichkeiten unserer blonden, alleinerziehenden Kommilitonin handelte, und richtete meinen Blick wieder auf Heiko. "Nichts. Und du?", fragte ich.

Er schaute mich an und seine relativ helle Haut färbte sich rot wie eine Tomate. Eine Antwort bekam ich nicht und wir standen beide peinlich berührt ein paar Sekunden so da. Dann sagte ich: "Gute Nacht Heiko, wir sehen uns morgen früh."

Ein Lächeln breitete sich auf Heikos Gesicht aus und er rief mir ein erleichtertes "Danke, das wünsche ich dir auch" hinterher als ich ging.

Frivoler Humor, willkommen unterhalb der Leistengegend

Und willkommen in dem Kapitel, welches mir am wenigsten gefällt. Hier würde ich es Ihnen tatsächlich nicht übel nehmen, wenn Sie es weglassen würden. Also: Überspringen Sie! ...

Halt! War nur ein Scherz. Bleiben Sie bitte hier. Das war Ironie. Ich weiß, das gehört eigentlich in ein anderes Kapitel. Aber sie merken schon, ich versuche mich vor Frivolitäten zu drücken. Deshalb schreibe ich um den heißen Brei herum.

Aber so langsam fällt mir nichts mehr ein. Mir bleibt anscheinend nichts anderes übrig, als die Ärmel hochzukrempeln, die Arschbacken zusammen zu kneifen und Ihnen einen Grundkurs frivoler Komik zu liefern. Let's go! (Die ganz Frivolen setzen hier ein „Finger in'n Po" an. Ich gehöre aber nicht dazu.)

Jedoch muss ich Sie vorwarnen. Ich werde mir bei diesem Kapitel keine Mühe geben. Fäkalwitze und sexistische Jokes verdienen es einfach nicht, klug ausgearbeitet zu werden. Meiner Meinung nach bilden sie den Bodensatz des Humors und genau so werde ich sie auch behandeln.

Eigentlich könnten wir auch fast schon wieder mit dem Kapitel aufhören. Die wichtigsten drei Punkte kennen Sie schon: Punkt 1 sind Fäkalwitze (quasi alle Scherze im Zusammenhang mit Körperflüssigkeiten und -ausscheidungen, pfui). Punkt 2 sind sexistische Witze (quasi alle Scherze im Zusammenhang mit Geschlechterspezifikation, doppelpfui). Und Punkt 3 ist: Wenden Sie diese Art des Humors nicht an. Lassen Sie sie einfach weg. Niemand wird sie vermissen. Also ich zumindest nicht.

Bedenken Sie, dass frivoler Humor die niederste Form der Komik ist und Ihr Gegenüber nicht zum Lachen bringt, sondern ihm zeigt, wessen Geistes Kind Sie sind. Sie werden kein Gelächter verursachen, sondern nur (negativen) Aufschluss über Ihren Intellekt geben.

Ich habe mir mal die Mühe gemacht, Komödien (im Bereich Film) hinsichtlich der Art ihres Humors in Bezug auf Kritikerstimmen zu analysieren und habe dabei etwas erstaunliches (oder vielleicht auch nicht so erstaunliches) festgestellt:

Komödien, deren IMDB-Wert unter bzw. teilweise sogar deutlich unter 5 Punkten lag, wurde in der Regel beschienen: "Wer es frivol mag, ist hier richtig, alle anderen: Finger weg!" So gut wie nie wurden erinnernde Witze, humorige Beobachtungen oder pointierte Vergleiche angeprangert. Es waren immer die Frivolitäten.

Als ich fünf Jahre alt war, konnte ich auch noch über Begriffe wie kotzen, scheißen, wichsen, ficken usw. lachen. (So, jetzt habe ich die wichtigsten Wörter, die in einem Kapitel über Frivolitäten vorkommen müssen, abgearbeitet. Glauben Sie mir, diese Wörter zu schreiben, hat mir physische und psychische Schmerzen bereitet.) Und auch wenn ich jetzt über 30 bin, würde ich mich immer noch als einen infantilen Menschen bezeichnen.

So kann ich etwa über das Wort "Schlechtschreibhilfe" lachen, wenn ich in meinem Textverarbeitungsprogramm, mit dem ich gerade dieses Buch niederschreibe, die Taste F7 drücke und mein Computer felsenfest behauptet, ich hätte nicht alles richtig geschrieben (habe ich aber).

Dennoch ist mir die Fähigkeit abhanden gekommen, über oben genannte Begriffe zu lachen (nein, ich werde sie an der Stelle ganz bestimmt nicht nochmal wiederholen). Manche Witzstrukturen sind eben zeitlos, andere überholen sich. Frivolitäten gehören definitiv zu letzterem.

Die 4. Wand, oder warum ich mit Ihnen rede

Kennen Sie Deadpool? Okay, Sie haben schon mal von ihm gehört, die Filme aber noch nicht gesehen. Macht ja nix. Sie haben nicht sonderlich viel verpasst.

Dieser Deadpool ist jedenfalls einer dieser Superhelden, die in hochbudgetierten, meistens sinnfreien Hollywood Filmen, gepackt in enganliegende Strumpfhosen und ausgestattet mit den billigsten Kalauern, die gerade im Angebot waren, über die Leinwand hüpfen.

Ja ja, Sie kennen diese Super-, Wasser-, Wunder-, und Fledermausmänner und -frauen. Ich leider auch. Gut, der letztgenannte ist sogar ziemlich cool. Die anderen eher weniger. Aber – wie so oft – schweife ich vom eigentlichen Thema ab.

Der Unterschied zwischen Deadpool und den anderen Strumpfhosenmännern und -frauen besteht im Durchbrechen der sogenannten vierten Wand. Statt ausschließlich mit anderen Protagonisten zu interagieren, verletzt Deadpool die höchste Regel des Filmemachens (schaue niemals in die Kamera!) und spricht den Zuschauer direkt an. Man nennt dies vierte Wand, da beim klassischen Fernsehen in der Regel dreiwandige Sets gebaut werden und die "vierte Wand" vom Publikum eingenommen wird. Sehr häufig findet sich diese Konstellation bei Sitcoms oder Late-Night-Shows.

Sie haben es sicherlich schon längst bemerkt: Ich habe ein Faible für die vierte Wand (genauso für die vierte Gewalt, wir Schreiberlinge halten eben zusammen) und kann es nicht lassen, dieses Stilmittel viel zu häufig einzusetzen.

Glauben Sie mir, ich weiß, dass Sie schon das eine oder andere Mal in diesem Buch mit den Augen gerollt und sich gedacht haben: "Was will der Kerl eigentlich von mir? Warum quatscht der mich dauernd an. Ich dachte lesen wäre eine einseitige Sache." Aber ich finde das so eben viel persönlicher und vor allem auch viel lustiger, erlaubt mir die vierte Wand doch gerade trockene und sehr technische Themen humoristisch aufzuarbeiten.

Ich will Ihnen von meiner ersten Begegnung mit der vierten Wand erzählen. Ich schätze, ich war um die zwölf Jahre alt, als ich meinen allerersten Stephen King Roman las und mir schwor, irgendwann einmal alles von diesem Meister des Horrors zu schmökern. Das Buch selbst las sich (wenn man im Zusammenhang mit Stephen King überhaupt dieses Wort verwenden kann) normal. Ich glaube, es war einer dieser Kurzgeschichtenbände, „Alpträume" hieß der, wenn ich mich richtig erinnere.

Jedenfalls schloss sich den Kurzgeschichten ein vom Meister geschriebenes Nachwort an. Und dieses Nachwort wurde eine Offenbarung für mich. Ich konnte nicht glauben, was ich da las: Stephen King, der wohl größte und bedeutendste Autor der Gegenwart (Meinung des Autors dieses Buches) sprach mich direkt an. Er unterhielt sich quasi mit mir.

Es fühlte sich so an, als würde ich ein privates, fast schon intimes Gespräch mit ihm führen, welches er nur für mich geschrieben hatte. Die Kunst lag natürlich darin, dass SK genau wusste, was ich bei jedem Satz dachte und genau auf diesen Gedanken Bezug nahm. Es war fast so, als säße King in meinem Kopf und wüsste, was in mir vorging. Ich war unendlich geflasht. Von da an wollte ich mir die Macht der vierten Wand zu eigen machen und ich kann Ihnen nur empfehlen, es mir gleich zu tun. (Es sei denn, Sie hassen all die Dinge, die ich in Klammern schreibe. Wenn es so ist: lassen Sie die vierte Wand weg und vermeiden Sie mein in Klammern Geschriebenes. Sind Sie damit einverstanden? Oh, ach ja, richtig.)

Infantiler Humor und wie man lernt, um die Ecke zu lachen

Kinder sind leicht zum Lachen zu bringen, so die vorherrschende Meinung. Wer das Zwerchfell eines Erwachsenen reizen will, der muss sich anstrengen. Aber warum ist das vermeintlich so? Wieso genügt bei einem Kind schon ein merkwürdig klingendes Wort (wie beispielsweise die Stadt Seattle), während dasselbe für einen Erwachsenen etwas völlig normales und unkomisches darstellt?

Der Unterschied liegt in der kognitiven Leistung, die jeweils erbracht werden muss und in der Anzahl der bereits verknüpften und etablierten Neuronen und Nervenbahnen im Gehirn. Beginnen wir mit dem zuletzt Genannten: Je weniger Input ein Gehirn in seinem Leben bekommen hat, desto intensiver muss es Reize einordnen, verarbeiten und kategorisieren. Dadurch fühlen sich die jeweiligen Inputs neu und frisch an und sind eher geneigt, Emotionen auszulösen, als wenn ähnliche oder gleiche Informationen schon oft aufgenommen und routiniert verarbeitet wurden.

Man kann es sich ungefähr so erklären, dass ein Witz immer weniger lustig wird, je öfter man ihn hört. Beim ersten Mal ist er neu und frisch, beim zehnten Mal abgedroschen und nervig. Wir Menschen müssen immer neue Informationen und Reize bekommen, damit wir uns nicht langweilen. Das Problem: Irgendwann kennen wir die meisten einfachen Witzstrukturen, erwarten diese sogar, und können dadurch nicht mehr darüber lachen. Das ist übrigens das gleiche Phänomen, das dafür verantwortlich ist, dass unsere subjektive Zeitwahrnehmung immer schneller wird, je älter wir werden. Für ein Kind ist ein Jahr fast schon ein ganzes Leben und Ferien fühlen sich an wie Monate. Bei einem Erwachsenen (zumindest empfinde ich so) fliegen die Jahre nur so vorüber und manchmal weiß man selbst nicht so genau, wie alt man eigentlich gerade ist.

Kommen wir zum kognitiven Leistungsquantum, welches zur Verarbeitung von Witzen nötig ist. Die absolute Intelligenz eines Kindes (nicht zu verwechseln mit der relativen, dem sogenannten Intelligenzquotienten oder IQ) ist im Schnitt deutlich geringer als die absolute Intelligenz eines Erwachsenen. Folglich ist ein Erwachsener eher in der Lage, mehrere Abstraktionsschritte gedanklich zu absolvieren, während ein Kind die Kunst des „um die Ecke Denkens" meist noch nicht beherrscht. Und genau hier liegt der Unterschied zwischen infantilem und erwachsenem Humor: Infantiler Humor pointiert direkt und inhärent aus einer Situation heraus. Erwachsener Humor erfordert mindestens einen, wenn nicht gar mehrere Abstraktionsgrade.

Ich möchte Ihnen – wie immer – ein Beispiel dazu geben: Ein Kind kann bereits zum Lachen gebracht werden, indem es das Stolpern eines Menschen sieht. Nehmen wir beispielsweise den Kurzfilm „Dinner for one", welcher in vielen Haushalten zur guten Silvestertradition gehört. Wenn Freddie Frinton über den Tigerkopf stolpert, dann ist ein Kind in der Lage, diesen Umstand inhärent komisch zu finden. Es muss die Rahmenhandlung dieser

Slapstick-Einlage nicht kennen, um zu lachen. Für uns Erwachsene (Ich schätze mal, dass Sie einer sind. Zumindest sehen Sie ziemlich erwachsen aus, wenn ich mir die Bemerkung erlauben darf.) entsteht das komische Element allerdings erst durch die Kontextsensibilität. Wir wissen, dass Frinton nicht nur *ein* alkoholisches Getränk pro Gang einnehmen muss, sondern *viele*. Und wir Erwachsenen wissen, dass derartige Alkoholmengen zu Trunkenheit und damit zur Einschränkung der motorischen Fähigkeiten führen. Wir lachen also nicht über Freddies Stolpern an sich, sondern über die Konsequenz der Zwänge, in denen er sich befindet. Dazu haben wir im Vorfeld eine kognitive Abstraktion erbracht, die ein Kind in der Regel zu leisten nicht im Stande ist. Je „erwachsener" unser Humor wird, desto mannigfaltiger werden die Abstraktionsgrade und die Anzahl der Ecken, um die wir denken müssen.

Redundanz, das Ende des Humors

Kennen Sie diese Komiker, die seit Jahrzehnten immer dieselben Witze reißen und vielleicht früher mal lustig waren, heute aber nur noch peinlich und Fremdscham erzeugend wirken? Lassen Sie uns der Ehre halber keine Namen nennen, aber Sie wissen sicherlich, wen ich meine. Bzw. trifft diese Definition auf eine ganze Reihe von Menschen zu, die am Anfang ihrer Karriere frisch und originell waren, heute aber nur noch im eigenen – überhaupt nicht lustigen – Saft schmoren und alte Witze schlichtweg neu erzählen.

Wie würden Sie *meinen* Humor bewerten, wenn Sie in zehn oder zwanzig Jahren das elfte Buch von mir lesen und Sie immer noch Sätze wie "dieser Gedanke wird bestimmt von meinem Lektor gestrichen" oder "lassen Sie uns, lieber Leser, gemeinsam darüber streiten" vorfänden? Sie würden vermutlich denken: "Dieser Leuteritz zieht ja immer noch das Ding mit der vierten Wand durch und hält es für lustig. Das ist irgendwie traurig." Oder Sie werden denken: "Er kann es nicht." Und die Frage hinterher schieben: "Konnte er es *jemals*?" War er *überhaupt* lustig oder von Anfang an ein Dilettant?

Witze guter Komiker sind wie die Alben von David Bowie: Vielfältig, spritzig und immer etwas anderes und überraschendes. Die oben beschriebenen im eigenen Saft schmorenden Comedians lassen sich eher mit Motörhead Alben vergleichen: Das erste war gut und ab dem zweiten gab es nur noch Wiederholungen.

Und genau das ist der Punkt. Bitte verstehen Sie mich nicht falsch, ich mag Motörhead und hab mir auch die letzten vor Lemmys Tod veröffentlichten CDs angehört. Doch wenn wir mal ehrlich sind, hat sich deren Liedgut nicht sonderlich von ihren ersten Songs unterschieden. Trotzdem ist es gute Musik.

Wenn jedoch ein Komiker jedes Jahr ein nur minimal anderes Programm auf den Markt bringt und grundsätzlich dieselben Witzstrukturen in ähnlicher Weise (vielleicht mit anderen Namen der Protagonisten und einem verschiedenen Setting) zum Besten gibt, dann nutzt sich der humoristische Effekt leider ab.

Eigentlich wollten wir in diesem Kapitel ja keine Namen nennen. Der Ehre halber, sagten Sie glaube ich, lieber Leser. Aber um konkret zu werden, muss ich Ihnen doch ein Beispiel geben. Da ich keinem noch lebenden Komiker zu Nahe treten möchte, bediene ich mich eines Beispiels, das schon etwas älter ist: Buster Keaton. Wenn Sie mehr Zeit im letzten Jahrtausend verbracht haben als in diesem, werden Sie vielleicht noch von ihm gehört haben. Er war nicht nur der erste Amerikaner, der den Vornamen "Buster" erhielt, sondern auch einer *der* Stummfilmstars im beginnenden 20. Jahrhundert. Sein Humor bestand zum größten Teil aus Slapstick. Mit stoischer Miene ließ er allerhand physische Repressalien über sich ergehen und brachte damit das Publikum (erst als wandernder Schausteller, später als Kinostar) zum Lachen. Irgendwann war dann dieser Humor nicht mehr gefragt. Affektierte Komiker wie Chaplin oder Laurel und Hardy etablierten eine neue Art des Humors. Buster Keaton fiel in ein Loch und es stellte sich die berechtigte

Frage: Wenn seine Filme jetzt nicht mehr lustig sind, waren sie es dann überhaupt? Die Antwort: Ja, waren sie. Das unbarmherzige Zahnrad der Wiederholung hat sie jedoch zu Staub zermahlen.

Natürlich gibt es Witze, die immer lustiger werden, je öfter man sie hört. Vieles an diesem Effekt ist jedoch Einbildung bzw. hat mit der eigenen Eintstellung zu der humoristischen Entität zu tun. Viel häufiger ist es so wie mit dem infantilen Humor, der im vorigen Kapitel beschrieben wurde: Witze sorgen für Verknüpfungen unserer Synapsen. Werden dieselben Verknüpfungen wieder und wieder bedient, ohne dass Neukombinationen nötig sind, empfinden wir Langeweile und Genervtheit. Deshalb ist es die oberste Pflicht eines jeden Komikers, sein eigenes Konzept immer wieder in Frage zu stellen und die verwendeten Humorelemente immer wieder neu zu verknüpfen. Lassen Sie uns deshalb genau an dieser Stelle zum zweiten Teil dieses Buches vordringen; der praktischen Anwendung.

Teil 2

Humorelemente in der Praxis

Neukombination der Humorelemente

Willkommen im zweiten Teil des Buches, in dem Sie erfahren, wie Humorelemente in unterschiedlichen Medien und Darbietungsformen angewendet werden. Sie werden feststellen, dass Sie sämtliche Grundprinzipien bereits kennen und es ausschließlich auf die Abstraktion auf das entsprechende Thema und die Neukombination der zugrundeliegenden Humorelemente ankommt.

Stellen Sie sich Humor als quantenmechanischen Vorgang vor, bei dem jedes Teilchen eine Grundstruktur darstellt. Je nachdem, wie diese Teilchen interagieren und sich zusammenfügen, entstehen völlig unterschiedliche Konstrukte. Betrachtet man nur die einzelnen Konstrukte, sieht man eine derartige Vielfältigkeit, dass es schwerfällt, Gemeinsamkeiten auszumachen. Doch dringt man wieder in die kleinsten Teilchen des Konstruktes vor, entdeckt man erneut die baukastenartig aufgebauten Elemente.

Theoretisch wäre es also möglich, einen Algorithmus zu entwickeln, der mit sämtlichen inhaltsbefreiten Humorelementen befüllt ist und der – sobald Sie ihn mit Themen und Relationen gefüttert haben – zufällige Neukombinationen erstellt und damit maschinell Witze schreibt. Wenn Sie dann auch noch im Anschluss jeden Witz bewerten, sodass der Algorithmus zur Optimierung entscheiden kann, welche Kombinationen gut und welche weniger gut mit den gegebenen Inhalten funktioniert haben, wäre das Ganze sogar noch ein selbstlernendes

System, das mit jedem geschriebenen Witz immer besser wird.

Wenn Sie, mein getreuer Leser, zu den IT'lern bzw. Informatikern gehören, die in ihrer Freizeit gern coden, so erhalten Sie von mir nun den feierlichen Auftrag sich an einem solchen Algorithmus zu versuchen. Sie können ihn mir gern über die Email-Adresse im Impressum zukommen lassen.

Wie? Dieses Buch ist zu dünn und die Humorelemente sind zu wenige und nicht genug ausgearbeitet? Sie benötigen mehr Datenmaterial, um so einen Algorithmus zu erstellen?

Dann wird es Zeit, Ihnen ein Geständnis zu machen. Der Titel "Encyclopædia" ist ein "Witz", und zwar in doppelter Hinsicht. Sie werden hier nicht *alle* Humorelemente finden und Sie halten auch kein umfangreiches, lückenloses Nachschlagewerk in Händen. Vielmehr soll Sie das Geschriebene anspornen, selbst neue Elemente zu entdecken.

Billiger Trick, sagen Sie jetzt? Sie wollen Ihr Geld wieder? Warten Sie bitte noch. Ich will es Ihnen erklären. Wenn Sie an Ihre Schulzeit zurückdenken, was ist Ihnen dann eher in Erinnerung geblieben? Das Faktenwissen, dass der Lehrer in kleinster Schrift auf die Tafel schmierte und das Sie pflichtbewusst in Ihren Hefter übertrugen, oder die eine Idee, die Sie zum Nachdenken brachte? Vielleicht war es manchmal nur ein Wort, ein Anstoß, ein Gedanke, um das Karussell in Ihrem Kopf zum laufen zu bringen.

Es ist vielleicht nicht das beste Beispiel, aber ich erinnere mich gerade an eine Biologiestunde in der 6. oder 7. Klasse. Wenn ich richtig zurückdenke, war das Thema "Stoffwechsel". Einer meiner Mitschüler hob während des Unterrichts die Hand und fragte unsere Lehrerin, ob es denn nicht Unsterblichkeit bedeuten würde, wenn man seinem Körper immer genau die Stoffe zuführen würde, die er für einen perfekten Stoffwechsel benötigt. Schließlich könne das System dadurch niemals versagen und der Kreislauf geht immer weiter. Unsere Lehrerin tat den Gedanken ab und erzählte etwas von vegetativem Schwund, nur um danach wieder auf die einzelnen Stoffwechselvorgänge zu sprechen zu kommen.

Wenn Sie mich heute (oder auch nur ein paar Tage nach dem Unterricht) zu Begriffen wie Biotransformation, Assimilation oder katalysierende Enzyme fragen würden, so bestünde meine Antwort aus einem gequälten Grinsen und der Hoffnung auf einen baldigen Themenwechsel. Aber der Gedanke über das ewige Kreislaufsystem ist geblieben. Die Fakten kann ich mir jederzeit auf Wikipedia anschauen oder sogar in einem aufbereiteten Youtube Video "genießen". Meine Gedankenkette über Unsterblichkeit hätte es aber ohne diese eine Idee meines Mitschülers nicht gegeben.

In den folgenden Kapiteln will ich Ihnen also nicht Fakt für Fakt und Information für Information liefern. Sie werden nichts zum Auswendiglernen vorgesetzt bekommen, sondern ein Füllhorn an Ideen erhalten, die Ihnen hoffentlich genauso intensive Gedankengänge bescheren, wie mir damals nach der Biologiestunde.

Humor in der Musik

Mit Liedermachern wie Joint Venture, Gunther Gabriel oder Helge Schneider bin ich quasi aufgewachsen. Der Humor in ihren Liedern ist stellenweise so komisch und treffsicher, dass er mich fast vergessen machen lässt, dass Liedermachermusik eigentlich gar nicht so mein Ding ist. Ich mag es eher rockiger, mit elektrischen Gitarren, einem Schlagzeug und so. Aber ich schweife schon wieder vom Thema ab.

Humor in der Musik lebt natürlich von den gleichen Humorelementen, die auch in klassischen Witzen, Sketchen oder Wortspielen vorkommen. Der Unterschied besteht jedoch darin, dass durch die Musikalität zwei weitere Dimensionen hinzukommen: Timing und durchbrochene oder bediente Erwartungshaltungen.

Beginnen wir mit dem Timing, nicht nur weil ich es zuerst genannt habe, sondern auch weil es sich fast von selbst erklärt. Ein Lied besteht in der Regel aus zwei oder drei Strophen, einem Refrain und sogenannten Bridges (Brücken) dazwischen. Es unterliegt Prinzipien wie Rhythmus, Takt, Melodie und Tempo, die sich innerhalb des Liedes jeweils ändern können.

Der Humor muss (sofern er funktionieren möchte) dem Timing nach an die Bedingungen des Liedes angepasst werden. Der Refrain kann für humorvolle Redundanzen genutzt werden, während der Strophenteil diesen entweder konterkariert oder überhaupt erst auslöst. Kurzum:

In der Musik müssen Gags punktgenau geliefert werden, da sie ansonsten ihre Wirkung nicht entfalten können.

In der Regel erzählen humorvolle Lieder Geschichten. Die Narration der Geschichte muss also, um in der Musik zu funktionieren, auf den Rhythmus des Liedes abstrahiert werden und sich diesem anpassen.

So weit, so gut. Doch wie verhält es sich mit der durchbrochenen bzw. der bedienten Erwartungshaltung? Eigentlich lässt sich diese fast genauso leicht erklären, wie die Dimension des Timings. Ein Lied besteht in der Regel aus Versen. Diese Verse reimen sich bestenfalls auch noch, sodass der reine Text eines Liedes die Anmutung eines Gedichtes aufweist. Und genau beim Thema "Reime" setzen wir mit der durchbrochenen oder bedienten Erwartungshaltung an.

Bei der durchbrochenen funktioniert das folgendermaßen: Ein Vers baut ein Szenario auf und endet auf ein Wort mit Signifikanz. Der darauffolgende Vers erzählt das Szenario weiter und leitet inhaltlich auf das erwartete Pendant zum signifikanten Wort hin. Nehmen wir folgendes Beispiel: "Ich hatte mal ne merkwürdige Maus." (Vers 1) "Der Name war komisch, denn sie hieß..." (Vers 2)

Wenn Ihnen beim zweiten Vers das Wort "Klaus" durch den Kopf gegangen ist, dann haben Sie genau die richtige Erwartungshaltung gehabt. Um das Stilmittel der Durchbrechung anzuwenden, setzen Sie statt "Klaus" für die drei Punkte einfach irgendein anderes Wort ein (möglichst reimfrei) und schon erzielen Sie Skurrilität bzw. Absurdität und damit Humor.

Die bediente Erwartungshaltung hingegen... Wie? Ich muss die nicht erklären? Sie können es sich denken? Okay, Sie sind eben ein aufmerksamer Leser. Doch lassen Sie es mich auch noch für die nicht ganz so schnellen in kurze Worte fassen: Bei der bedienten Erwartungshaltung setzen Sie für die drei Punkte einfach "Klaus" ein. Schon fertig. War doch nicht schlimm, oder? Hey, kommen Sie zurück. Das Kapitel ist noch nicht zu Ende. Ach, was soll's. Dann folge ich Ihnen eben ins Nächste. Bis gleich.

Humor im Film

Hab Sie. Nochmal laufen Sie mir bitte nicht weg. Denn jetzt geht es um die Eigenarten komischer Elemente in Filmen. Im Gegensatz zur Musik gibt in der Television noch eine weitere Dimension: Die Kamera.

Durch die Kamera ist der Betrachter des lustigen Filmes in der Lage, Dinge wahrzunehmen, die den Protagonisten des Gesehenen verborgen bleiben. So können wir beispielsweise über Personen lachen, die ohne es zu wissen ins Verderben rennen. Beispiel: Jemand fährt nichtsahnend Richtung Abgrund, pfeift dabei, freut sich, genießt sein Leben, während wir Zuschauer vor der Kamera bereits das Bild des Abgrunds geliefert bekamen und dadurch über einen Kenntnisstand verfügen, der sich dem Protagonisten entzieht.

Das Spiel mit der Kenntnis und der Unkenntnis ist ein Humorelement, für das ich den Film beneide. Vielleicht switche ich ja noch und bringe die Encyclopædia Comédica als Blockbuster in die Kinos, statt als Paperback in die Buchhandlungen. Wenn Sie diese Worte gerade lesen, statt sie grandios inszeniert auf einer Leinwand zu betrachten, dann hat es mit der Finanzierung wohl leider nicht geklappt. Wenn Sie mich jetzt sehen könnten: Ich recke die geballte Faust Richtung Produzent. Dieses Mal ist es die Linke, da die Rechte noch beeinträchtigt ist von dem Intermezzo mit meinem Lektor, Sie erinnern sich.

Der Film hat den Vorteil, dass er sich nahezu aller Humorelemente, die es gibt, bedienen kann. Er kann erinnernde Witze, Wortspiele, Slapstick, Frivolitäten (na gut, die vielleicht lieber nicht), klassische Witze, Satire, schwarzen Humor, usw. benutzen. Ihm stehen alle Mittel der Komik zu Verfügung.

Wissen Sie was? Ich glaube, ich muss aufhören, über Filme zu schreiben, sonst wird mein Missmut über die nicht zu Stande gebrachte Finanzierung meines Blockbuster-Vorhabens nur noch größer. Vielleicht sollte ich mich in ein Kapitel retten, in dem ich mich wohlfühle und in dem ich mich (so hoffe ich) auch auskenne. Folgen Sie mir. Mit Filmen sind wir durch. Jetzt kommt ein viel besseres Thema.

Sie wollen noch nicht? Sie wollen mehr über Humor in Filmen wissen? Ach, sehen Sie sich einfach alle Teile von der Nackten Kanone an. Betrachten Sie dies als Grundstudium im Bereich filmischer Humor. Ein eventuelles Aufbaustudium wäre: Loriot. Wenn Sie Ödipussi und Papa anté Portas zu verstehen und analysieren vermögen, können Sie sich mit Fug und Recht Master nennen. Und sollte das nicht reichen, empfehle ich Ihnen die US-amerikanische Zeichentrickserie Rick & Morty (aktuell das wohl intelligentlustigste, was es zu "sehen" gibt.) So, das dürfte dann ja wohl reichen. Lassen Sie uns nun endlich zum nächsten Kapitel übergehen. In diesem habe ich nämlich Heimvorteil. Sie werden schon sehen.

Humor in der Literatur

(Befriedigtes „Ahhh", gefolgt von „Jap, jap, jap, willkommen in meinem Zweit-Lieblingskapitel.) Das geschriebene Wort so zu gestalten, dass der Leser herzhaft darüber lachen kann, ist schwierig, glauben Sie mir. Wenn ich Ihr Verhalten richtig gedeutet habe, so habe ich Ihnen bisher auch nicht viel mehr als Grinsen, Schmunzeln und ab und zu ein gelegentliches Kichern entlocken können. Was sagen Sie? Sie haben gelacht? Wie nett, diese Lüge wäre nicht nötig gewesen. Aber danke.

Die Herausforderung humorvoller Literatur besteht darin, das Lesetempo, die Betonung und das Leseintervall des Lesers vorherzusehen. Problem: Ich kenne Sie doch noch gar nicht, während ich diese Zeilen schreibe. Ich weiß nicht, ob Sie eine Minute oder drei für eine Seite brauchen. Ebenso kann ich nicht einschätzen, ob sie *kursive Wörter* tatsächlich so überdeutlich betonen, wie ich es in meinem Kopf tue, wenn ich sie aufschreibe. Und zu guter Letzt kann ich auch nicht beurteilen, ob Sie pro Tag nur eine Seite oder gleich das ganze Buch lesen. Ich als Autor muss also einen Weg finden, zwischen beiden Extremen jeweils abzuwägen und die goldene Mitte, wenn man so will, auszumachen.

Mein Text muss also (sofern er möglichst viele Leser zum Lachen bringen will) auf den Durchschnitt abgestimmt sein. Hier kommen wir aber zum nächsten Problem, welches ich Ihnen gern mit einem meiner liebsten Vergleiche beschreiben möchte:

Ein Mensch, dessen Kopf sich im Ofen und dessen Füße sich im Eis befinden, hat eine Durchschnittstemperatur von 36,5 Grad Celsius. Ein gesunder Wert, möchte man meinen. Die Überlebenschancen dieses Menschen würde ich aber dennoch als gering einschätzen. Und genauso kann es mir mit einem Text gehen. Während ich versuche, die Mitte zu bedienen, schwanke ich, ohne es zu merken, zwischen dem einen Extrem und dem anderen.

Wie lässt sich dieses Problem lösen? Die Antwort: Max Mustermann. Mein guter Max ist 35 Jahre alt, hat einen IQ von 100, fährt zwei Mal im Jahr in den Urlaub, besitzt 1,4 Kinder und 2,3 Autos. Er nimmt täglich drei Mahlzeiten zu sich, geht alle vier Jahre zur Wahl und guckt am liebsten „Wetten, dass". (Jetzt haben Sie mich erwischt. Dieses Kapitel ist schon ganz schön alt. Sagen wir einfach unser Max schaut am liebsten...keine Ahnung, was schauen die Leute heute denn im Fernsehen? Gibt es das überhaupt noch, oder wird mittlerweile nur noch gestreamt? Na ja, ist für unser Beispiel eigentlich auch überhaupt nicht wichtig, lassen wir das Thema.)

Dieser Max ist eine Idealvorstellung, eine Simplifizierung der Realität und damit eigentlich weit entfernt von selbiger. Und vor allem (ich glaube, ich beginne gerade zu viele Sätze mit "und", aber egal.) Und vor allem entspricht dieser Max in keiner Weise meinem eigenen Charakter.

Ich glaube, wir Menschen sind viel empathieloser als wir denken. Wenn wir den Ton einer bestimmten Person treffen wollen, so schaffen wir es ja meistens doch nicht, weil wir eben nicht diese Person sind. Es fällt uns schwer, vorherzusehen, was ein anderer Mensch lesen will, was er komisch findet, woran er Anstoß nimmt und was er akzeptiert. Andererseits wissen wir aber oft ziemlich genau, was wir selbst gern lesen wollen. Und das (mein Gott, schon wieder dieses groteske „und" am Satzanfang.) Und das ist meine Lösung für die Herausforderung komischer Literatur: Wenn Sie einen lustigen Text schreiben wollen, dann schreiben Sie einen, über den Sie selbst lachen würden. Mutmaßen Sie nicht, was andere komisch oder interessant finden. Wenn *Sie* es als lustig und lesenswert erachten, dann wird es anderen vielleicht auch so gehen. Nicht allen, aber vielleicht ein paar Leuten. Und diese paar Leute (das war jetzt der letzte Satz mit "und" am Anfang, versprochen.) Und diese paar Leute werden Ihnen dankbar sein, authentische Wörter gewählt zu haben. Denn das ist es, worauf es in der Literatur ankommt. Das Geschriebene muss zu Ihnen passen. Es muss deutlich werden, dass ein Mensch den Text in seinem Kopf und nicht eine Maschine am Reißbrett entwickelt hat. Denn dann (Moment mal, diese "denn"s am Anfang des Satzes sind auch nicht viel besser, vielleicht wechsele ich doch wieder zum "und" zurück.) Und dann erschaffen Sie Literatur, die aufrichtig ist und bei der der Leser mitgeht.

Machen Sie sich keine Sorgen, schlecht zu schreiben. Meiner Meinung nach kann sowieso niemand ernsthaft einschätzen, was gute Schreibe und was schlechte ist. Der eine findet beispielsweise die Känguru Chroniken von Marc-Uwe Kling zum Schießen komisch und der andere kann dieser Art der Schriftstellerei überhaupt nichts abgewinnen. Der eine sagt, Tolstois Krieg und Frieden sei das größte Epos, das je geschrieben wurde, und manch anderer sagt, es sei prätentiöser Mist. Sie werden mit allem, was Sie schreiben, sowohl positives als auch negatives Feedback erhalten, je nachdem, wem es Sie es vorsetzen. Entscheidend ist meiner Meinung nach, dass Sie zu dem stehen, was Sie da auf Papier gebracht haben. Wenn Sie das tun, kommt der Erfolg von ganz allein.

Humor in Computer- und Videospielen

Und wieder Heimvorteil. Neben meiner Tätigkeit als Buchautor schreibe ich auch Storys für Computer- und Videospiele und kann Ihnen deshalb sagen, dass Humor in diesem Medium stark unterrepräsentiert ist. Na gut, eigentlich ist er nicht unterrepräsentiert, sondern meistens schlichtweg miserabel umgesetzt.

Dabei hat das Medium Spiel noch viel mehr Möglichkeiten und Dimensionen im Bereich der Komik als Musik, Film und Literatur zusammen. Schließlich kann ein Game alle diese Dinge vereinen. Ein gutes Spiel hat gute Musik, gute Videosequenzen und guten Text. Was noch hinzukommt (nicht nur bei den guten, sondern auch bei den schlechten Spielen) ist der Umstand der Interaktionsmöglichkeit. Dadurch, dass Sie als Spieler im wahrsten Sinne des Wortes den Drücker in der Hand halten, sind Sie derjenige, der die Entscheidungen trifft und für den die Geschichte des Spiels dadurch eine viel persönlichere ist, als wenn Sie sie einfach nur unbeteiligt konsumieren würden, wie die abendliche Lieblingssendung im Fernsehen (Sorry, das guckt heute ja gar keiner mehr. Denken Sie sich einfach, ich hätte statt "im Fernsehen" "auf Netflix, Hulu, Dinsney+ oder Amazon" geschrieben.)

Ich möchte Ihnen Humor im Gaming an einem prägnanten Beispiel erklären: Nehmen wir das Rollenspiel No one lives in heaven.

In diesem bereisen Sie eine Welt, in der die Spielfiguren über Jahre allein gelassen wurden und nun ihren eigenen Willen sowie ein Bewusstsein entwickelt haben. Ich will Sie nicht mit den Details langweilen, aber in einer der Quests (Missionen) dürfen Sie als Spieler Theaterstücke schreiben. Das komische Element: Sie schreiben diese zwar und Ihre Worte werden auch genutzt, jedoch verfremdet der Schauspieler Ihre Eingaben, sodass völlig andere Zusammenhänge als von Ihnen geplant entstehen. Diese Verfremdung allein ist schon witzig, doch dadurch, dass Sie selbst in die Geschichte involviert sind und zu ihrem Fortgang beigetragen haben, ist Ihre emotionale Bindung zur Story eine viel größere, als wenn Sie die Stücke in einem echten Theater, als bloßer Zuschauer wahrgenommen hätten. Außerdem ist die Quest – je nachdem, wie kreativ Sie als Spieler sind – immer anders und kein Spieldurchgang ist gleich.

In einer anderen Quest in No one lives in heaven können Sie einem jungen Mann dabei helfen, die Frau seiner Träume zu gewinnen. Entweder besorgen Sie ihm ein süßes Haustier, welches er dann weiter verschenkt oder Sie pflücken Blumen, die er der Angebeteten überreicht. Und nun kommt das Komische: Anstatt die Blumen frisch und wohlriechend zu übergeben, haben Sie die Möglichkeit, zuvor Ihre Notdurft auf ihnen zu verrichten. Das Ergebnis: Die Angebetete hält sowohl Sie als auch den Mann, der Sie umwirbt für Idioten und die Quest ist gescheitert. Spaß gemacht hat sie trotzdem, womöglich viel mehr als wenn man sie mit dem Haustier erledigt hätte und der Mann nun in festen Händen wäre.

Der Abwechslung halber möchte ich Ihnen noch ein Beispiel nennen, welches nicht aus No one lives in heaven stammt, sondern aus dem Action-Shooter-RPG „The Outer Worlds." In diesem bekommen Sie relativ zu Beginn die Aufgabe, mit einer Raumkapsel auf einem Planeten zu landen und sich mit einem Kontaktmann zu treffen, damit er Ihnen vor Ort alles Wichtige erklären kann. Diesem Kontakt geben Sie die Koordinaten Ihres Landespunktes, damit er weiß, wo er Sie treffen muss. Nun zum Komischen: Der Kontaktmann nimmt die Koordinaten *so genau*, dass Sie nicht nur bei ihm, sondern *auf ihm* landen. Die Folge: Er ist tot und Ihre Erwartungshaltung, alles erklärt zu bekommen, um entspannt spielen zu können, ist dahin. Sie müssen sich die Eigenarten der Welt selber erschließen. Das humoristische Element ist also wieder mit Ihrer spielerischen Interaktivität verknüpft, sodass ein Höchstmaß an Immersion erreicht wird. Ein Film, ein Buch oder ein Lied kann derartiges nicht leisten. Das können nur Computerspiele wie The Outer Worlds oder No one lives in heaven, da sie in der Lage sind, zum einen mehrere mediale Transferwege zu gehen, als auch den Spieler in die eigene Narration mit einzubeziehen.

Humor in anderen Kulturen, darüber lacht die Welt

Dieses Buch wird vornehmlich auf Deutsch erscheinen. Das geht auch gar nicht anders, da sich der Großteil meiner Kalauereien gar nicht übersetzen lassen und die meisten Anspielungen von Nicht-Deutschen kaum verstanden würden. Ich kann also davon ausgehen, dass Sie entweder Deutsch als Fremdsprache in der Schule oder als Muttersprache im Leben hatten. Ihr Humor dürfte demnach zentraleuropäisch geprägt sein. Das ermöglicht es mir, mit Ihnen über Komik in anderen Kulturen zu sprechen.

Jeder kennt die ethnischen Differenzierungen wie "Britischer Humor", "Rheinischer Frohsinn", "Wiener Schmäh" oder "Amerikanische Comedy" und allzu gern werden Sätze laut wie "Das ist ja mal typisch britisch" oder "Darüber können nur Amerikaner lachen."

Doch ist das wirklich so? Dem britischen Humor wird gern unterstellt, er sei trocken und durchsetzt von Slapstick. Nun gut, darüber kann *ich* auch lachen. Rheinischer Frohsinn ist oft sehr direkt und hart, Wiener Schmäh gern mal ironisch bis zynisch und Amerikanische Comedy mag Wortspielereien und Situationskomik.

Wie Sie sehen, bedienen sich die genannten Kulturkreise an denselben Humorelementen, die Sie in diesem Buch bereits kennen gelernt haben. Der Unterschied liegt lediglich in ihrer Konnotation und Bezugnahme. Das ist übrigens die wichtigste Erkenntnis, die Sie aus diesem Buch ziehen können. Wenn Sie auch nur eines aus der Encyclopædia Comédica mitnehmen wollen, dann dies: Die kleinsten Bestandteile einer komischen Entität sind universelle Humorelemente. Das klingt zunächst etwas technisch, lassen Sie es mich deshalb näher erleuteritzen (ein Wortspiel, welches nur im Deutschen funktioniert und durch die Seltenheit meines Nachnamens getriggert wurde. Entschuldigen Sie bitte, aber ich konnte es mir nicht verkneifen. Ja ja, ich weiß selbst, dass es schlecht war. Lassen Sie es uns einfach vergessen, okay? Danke! Sehr nett von Ihnen.)

Egal in welche Kultur Sie schauen, die Strukturen, nach denen sich Witze, Sketche, komische Situationen usw. aufbauen, sind immer die gleichen. Genauso wie wir Deutschen die Silben vertauschen, um Wortspiele zu generieren, so machen es auch die Amerikaner, Russen, Chinesen und alle, die mit Hilfe von Sprache kommunizieren. Asiatische Ironie erwächst ebenso aus Absurdität wie afrikanische oder europäische und manch klassischen Witz finden Sie (in leicht differenzierter Ausprägung) auf dem ganzen Globus wieder.

Klar kann nur ein Deutscher über die Verspätung der Bahn oder die Bauzeit des BER lachen und nur ein Amerikaner oder Engländer findet „Why is six scared of seven? Because seven ate nine" lustig. Doch wenn Sie der englischen Sprache mächtig sind, finden Sie das Zahlen-Wortspiel genauso lustig, wie ein Amerikaner Bahnwitze lustig finden kann, wenn er mal in Deutschland zu Besuch war und selbige nutzen "durfte". Die Sujets der

Komik mögen von Kulturkreis zu Kulturkreis unterschiedlich sein und sicherlich gibt es auch geringe Unterschiede, wie beispielsweise in Sachen Timing (Südeuropäer zum Beispiel zünden Pointen gern früher, während man im Norden mehr Zeit für Exposition aufwendet) und im ersten Moment mag "ausländischer Humor" völlig anders wirken als wir ihn von unserem Heimatland kennen. Doch betrachten wir die Grundstrukturen und teilen sie in ihre Humorelemente auf, stellen wir fest, dass sie überall dieselben sind.

Es scheint, als wäre Humor keine reine Geistes-, sondern vielmehr eine Naturwissenschaft, die sich analysieren, verstehen und anwenden lässt.

Wenn dem nicht so wäre, hätten Sie vermutlich auch nicht dieses Buch gekauft. Welchen Anlass hätten Sie sonst gehabt, als die Vermutung, dass sich mit der richtigen Theorie Humor in die Praxis umsetzen lässt und die Häufigkeit der Ihnen entgegen gebrachten Lacher erheblich steigert? Wenn Sie die Prinzipien dieses Buches anwenden, können Sie sie in jedem Land bei jedem Schlag Mensch einsetzen. Das einzige, was Sie beachten müssen, ist die kulturelle Transferleistung, die Sie erbringen müssen, um die Elemente auf Ihre Umgebung zu abstrahieren. Haben Sie dies getan, können Sie im Prinzip die ganze Welt in schallendes Gelächter versetzen.

Humor der Zukunft, darüber lachen wir Übermorgen

Im Laufe der Menschheitsgeschichte sind die grundlegenden Humorelemente stets gleich geblieben. Trotzdem lachen wir heute über andere Dinge als die Leute vor 100 oder gar vor 1.000 Jahren. Warum ist das so? Worin liegt der Unterschied zwischen modernem und mittelalterlichem, zwischen heutigem und antikem Humor?

Ich möchte dieses Kapitel nicht nutzen, um einen historischen Abriss der Komik im Wandel der Zeit zu liefern. Vermutlich können Sie dieses Thema deutlich besser aufbereitet auf Wikipedia oder anderen Internetseiten nachlesen. Sie brauchen dieses Buch nicht dazu. Vielmehr möchte ich Ihnen eine meiner Theorien erklären. Ich erhebe keinen Anspruch auf Richtigkeit, es ist vielmehr eine streitbare Vermutung. Doch lassen Sie sie mich ausformulieren, danach können wir beide gern darüber diskutieren.

Hypothese: Wir Menschen verfügen über ein kollektives Unterbewusstsein, über welches wir alle miteinander verknüpft sind. In diesem Unterbewusstsein sind Informationen der letzten Jahrtausende gespeichert und dienen den heutigen Menschen als Grundlage für Gefühlsregungen, Entscheidungsfindungen sowie Motivationen. Genauso wie sich dieses kollektive Unterbewusstsein weiterentwickelt und ständigem Erkenntnisgewinn unterworfen ist, nuanciert sich auch unser Humor. Das Setting und den Inhalt der Komik bilden immer noch ihre Umstände und die Welt sowie die Eigenheiten der Zeit, in der sie angewendet wird.

Analysiert man den Humor einer bestimmten Epoche, so ist er ein Kondensat aus den gesellschaftlichen, politischen, wirtschaftlichen und kulturellen Rahmenbedingungen (Setting und Inhalt), bestehend aus den Humorelementen, die Sie bereits kennen und korrelierend mit dem Stand des kollektiven Unterbewusstseins.

Nehmen wir beispielsweise den ältesten Witz, den wir Menschen kennen. Er hat rund 4.000 Jahre auf dem Buckel, stammt aus dem Altbabylonischen und wurde mit folgendem Wortlaut auf Steintafeln gefunden: "Was seit undenkbaren Zeiten nicht vorgekommen ist: Eine junge Frau, die auf dem Schoß ihres Ehemannes nicht furzt."

Setting und Inhalt sind der Zeit geschuldet und relativ einfach einzuordnen. Die verwendeten Humorelemente können wir auch eruieren: Eine Mischung aus Beobachtung, Absurdität und einer gebrochenen Erwartungshaltung. Quasi die gleichen, die wir schon kennen. Dennoch fällt es uns schwer, über den Witz zu lachen, so stammt er doch offensichtlich (selbst wenn man es vorher nicht wüsste) aus einer anderen (nicht der eigenen) Zeit.

Der Witz wirkt auf uns fad, abgedroschen und hat zu wenige Ecken, um die wir denken müssen. Es wirkt fast so, als wäre er entstanden, als wir Menschen noch keinen so ausgeprägten (kollektiv-unbewussten) Sinn für Humor hatten und noch (Kindern gleich) mit wenig subtilen Mitteln zum Lachen zu bringen waren.

Nehmen wir zum direkten Vergleich einen Witz, der zwar dann, wenn dieses Buch rauskommt, nicht mehr aktuell sein wird, es jetzt im Moment des Schreibens aber umso mehr ist und dadurch als Zeitzeugnis locker mit den Babyloniern mithalten kann.

Der US-Talkshow-Moderator Conan O'Brien hat im Zuge der Loslösung Englands von der EU folgendes rausgehauen: "Der Brexit wird in Großbritannien die Preise in die Höhe treiben. Also wird es die Briten doppelt so teuer kommen, nicht zum Zahnarzt zu gehen."

Wieder einmal sind Setting und Inhalt klar definiert durch den zeitlichen Rahmen. Jeder weiß ohne zu recherchieren: Das stammt ungefähr aus dem Jahr 2019. Die Humorelemente können wir auch eruieren: Eine Mischung aus Beobachtung, Absurdität und einer gebrochenen Erwartungshaltung. Quasi die gleichen Elemente wie im oben genannten Witz. Trotzdem wirken beide verschieden (was nicht ausschließlich daran liegt, dass der ältere auch der frivolere ist). Meiner Meinung nach müssen wir bei dem Brexit-Witz eine Abstraktion mehr machen als bei der jungen Frau auf dem Schoß. Wir müssen eine kognitiv höhere Leistung vollbringen, da der Witz unseren kollektiv-unbewussten (hohen) Ansprüchen gerecht werden muss.

Memes, der Humor des Internets oder die neue Form der Anspielung

Spätestens seit den Nullerjahren sind Memes fester Bestandteil jugendlicher Subkultur geworden. Dabei sind sie nichts anderes als die Internetversion der klassischen Anspielung (die zugunsten der Memes kein eigenes Kapitel in diesem Buch bekam, schade eigentlich.)

Bei Memes und Anspielungen ist es ähnlich wie mit dem Humor in anderen Kulturkreisen. Grundsätzlich funktionieren sie nach denselben Prinzipien, wie die meisten Witze und Albernheiten: Indem sie vergleichen, übertreiben, mit Worten spielen, beobachten usw. Allerdings setzen beide eine ganz bestimmte Heuristik beim Empfänger voraus.

Doch klären wir zunächst, was ein Meme überhaupt ist. Entstanden ist der Begriff nämlich bereits im Jahr 1976, als Richard Dawkins in seinem Buch „Das egoistische Gen" feststellte, dass mit dem Stilmittel der Anspielung kulturelle Informationen ihre Verbreitung erfahren. Konkret heißt das, dass soziokulturelle Bewusstseinseinheiten (Mems) humoristisch aufbereitet und dadurch zum Meme werden. Durch das Medium Internet ist dies natürlich in einem viel intensiveren und ausgeprägteren Maße möglich als noch in den 70er oder 80er Jahren. Das heutige Meme ist in der Regel eine Bild- oder Videomontage, bei der ein weitestgehend universell bekannter Inhalt mit einem kritischen und/oder humoristischen Element verquickt wird und dadurch eine

Meta-Ebene erhält, die nur einem Involvierten des angesprochenen Kulturphänomens zugänglich ist. Wenn jedoch in der Heuristik des Empfängers entweder die Grundlage oder die Abstrahierung nicht vorhanden sind, funktioniert das Meme nicht. Damit erfüllt die Anspielung nicht nur den Tatbestand der Albernheit, sondern dient auch gleichzeitig als Ausschlusskriterium für Personen, die nicht in der eigenen Filterblase leben. Der Satz „Get out of my tree house" (Raus aus meinem Baumhaus!) findet damit praktische Anwendung. So gelingt es, dass beispielsweise ein Gamer sein Gegenüber mit einem Gaming Meme auf soziale Kompatibilität testen kann, während Eisenbahner dies mit Eisenbahn-Memes und Autoliebhaber mit PS-starken Memes erreichen können. Jede Subkultur hat mittlerweile ihre eigene Meme-Kultur, die häufig nur Gleichgesinnten zugänglich ist und damit anders Interessierte organisch ausschließt.

Sicherlich kennen Sie das aus Ihrer eigenen Bubble. Immer dann, wenn Ihnen beim Betrachten einer humorvollen Entität im Internet folgender Satz durch den Kopf geht, handelt es sich um ein von Ihrer persönlichen Subkultur geprägtes Meme: „Sowas versteht nur ein echter XY." Die Buchstaben XY stehen in diesem Fall für Ihre persönliche Bubble. Dabei dienen Memes nicht - wie man vielleicht annehmen möchte - vorrangig dem Ausschließen Unerwünschter, sondern vielmehr der gegenseitigen Identifikation und Bestätigung gewollter und gemochter Menschen. Schließlich ist unsere Spezies ein Herden- und Gesellschaftstier. Wir wollen nicht allein sein, unsere Interessen mit anderen Teilen und am

Umgang mit anderen Menschen partizipieren. Bei uns beiden, Ihnen mein getreuer Leser und mir, ist es doch das gleiche: Wir beide wollen die Welt und uns selbst ein Stück lustiger machen. Lachen ist unsere Bubble und Humor unser Erkennungsmerkmal.

Der Humor der Humorlosigkeit

Kennen Sie den DIE PARTEI Politiker Nico Semsrott? Nein? Dann googeln Sie ihn bitte, ich warte hier so lange. …(wartet…wartet…wartet…)… Da sind Sie ja wieder. Und? Ist Ihnen was aufgefallen? Genau! Der Kerl wirkt, als wäre er stark depressiv, und irgendwie ist das lustig. Aber warum eigentlich?

Wir könnten (die Betonung liegt auf „könnten", auch wenn es nicht kursiv geschrieben war) dieses Kapitel ziemlich schnell beenden, indem wir konstatieren, dass der Humor der Humorlosigkeit aus dem Element der Absurdität erwächst. Schließlich erwarten wir von einem Komiker, dass er lustig und entsprechend auch immer fröhlich und gut drauf ist. Nehmen wir etwa Otto, den Außerfriesischen. Sein nicht imitierbares und nur schwer in Buchstaben zu fassendes Glucksen ist gewissermaßen sein Markenzeichen. Einen niedergeschlagenen Otto können wir uns beim besten Willen nicht vorstellen. (Oder können Sie das etwas?) Bei Nico Semsrott und anderen Depressions-Komikern wie zum Beispiel dem Youtuber Sascha Hellinger ist das nicht so. Sie durchbrechen unsere Erwartungshaltung und erzeugen damit das komische Element.

Der bereits 1910 verstorbene Otto Julius Bierbaum (auch bekannt unter den Pseudonymen Simplicissimus und Martin Möbius) hat schon im letzten Jahrhundert erkannt: „Humor ist, wenn man trotzdem lacht." Die Kondensation und Reflexion eigentlich deprimierender und niederschmetternder Aussagen, in Verbindung mit minimalistischer Mimik und Phonetik bewirkt Skurrilität und das Lachen über die Wirren der Welt. Jeder kennt Situationen, in denen einfach alles schief geht, einem nichts gelingen will und es so scheint als habe das Universum sich gegen einen verschworen. Genau in solchen Momenten wissen wir nicht, ob wir weinen oder lachen sollen. Wie gesagt: Humor ist, wenn man trotzdem lacht, auch wenn uns eigentlich aufgrund des Umstandes nicht dazu zumute ist. Das sind dann genau diese Lacher, denen Sätze wie „Na, eigentlich ist es ja nicht lustig" oder „Ui, der war böse" folgen und die wir gern in die Kategorie Galgenhumor einsortieren.

Nehmen wir zum vermeintlichen Abschluss dieses humorlosen Kapitels noch ein prägnantes Beispiel. Am besten gleich eines von dem bereits genannten Nico Semsrott: Wenn Sie die Europawahl des Jahres 2019 mitverfolgt haben, ist Ihnen vielleicht der Werbeclip der Partei DIE PARTEI aufgefallen. In diesem steht der depressive Nico in einem Krankenhaus, die dunkle Kapuze über den Kopf gezogen, die Hände an den Körper gepresst. Im Hintergrund sind alte Menschen zu sehen, deren weitere Lebenserwartung mutmaßlich in Tagen, statt in Jahren anzugeben ist. Nico Semsrott sagt im Mono-Ton: (Disclaimer: es folgt meine eigene Wortwahl, schließlich will ich dem guten Nico nicht die Ideen aus dem Mund rauben.) „Hier sehen Sie den sogenannten Letztwähler. Dieser darf über eine Zukunft entscheiden, die er selbst nicht mehr miterleben wird. Unfair! Die Lösung: Wenn man in den ersten 18

Lebensjahren nicht wählen darf, sollte man es in den letzten 18 auch nicht dürfen."

(Eigentlich hätte ich die Anführungszeichen weglassen können. Es waren ja sowieso meine eigenen Worte. Zu dumm, dass ich kein Tipp-Ex habe.) Sie merken, Nico Semsrott mag es makaber, im Kern hat er aber recht. Eigentlich sollte dies deprimierend sein. Trotzdem lachten die meisten Zuschauer und der Clip ging viral. Es ist eben der Galgenhumor, der Humor der Humorlosigkeit, der in diesem Fall die Komik bildet.

Diese Art der Lustigkeit funktioniert übrigens auch, wenn der Bezug zur Realität schwerer nachvollziehbar ist bzw. sogar völlig abhanden geht. So punktete der Comedian Markus Maria Profitlich einst mit dem Satz: „Meine Eltern waren so arm. Der einzige Kuchen, den ich bekam, war der Mutterkuchen." Ich sehe, dass Sie gerade nicht darüber lachen, aber glauben Sie mir, als er diesen Satz in seiner Show „Mensch Markus" rausgehauen hat, brüllte der Saal. Wir wissen, dass die Mini-Anekdote nicht wahr ist, trotzdem funktioniert sie.

Humor vom anderen Stern, darüber lachen Aliens

Jetzt ist er völlig verrückt geworden, werden Sie nun denken. Schon beim Vorwort war Ihnen klar, dass dieser Leuteritz nicht mehr alle Tassen im Schrank hat. Und falls er sie doch noch alle hat, dann zumindest nicht in der richtigen Reihenfolge bzw. Farbe. So oder so ähnlich werden Sie latent während des Lesens über mich gedacht haben. Nun haben Sie Gewissheit: Der Leuteritz schreibt ein Kapitel über Aliens. Wenn Sie wollen, können Sie an dieser Stelle mit Ihrem Buch und Ihrem Kassenbon zur Buchhandlung gehen, auf die Überschrift dieses Kapitels verweisen und Ihr Geld zurück verlangen. Vermutlich wird es funktionieren...

Bitte tun Sie dies nicht. Ich möchte mit Ihnen eigentlich nur ein Gedankenexperiment eröffnen. Lassen Sie uns nicht über echte Aliens sprechen, sondern über Dinge, die uns Menschen übersteigen. Erlauben Sie mir, ein paar Fragen zu stellen, einfach mal so in die Tüte gedacht, wie es so schön heißt, mal sehen, wohin sie führen:

Wie funktioniert Humor in der vierten Dimension? Worüber würde ein Quantencomputer lachen, wenn er ein Bewusstsein hätte? Machen sich Smartphones hinter unserem Rücken über uns lustig, weil wir glauben, sie als Werkzeuge zu benutzen, doch in Wirklichkeit ist es umgekehrt? Wie würde Humor funktionieren, wenn Wirkung und Ursache vertauscht wären (erst die Pointe, dann die Herleitung)? Was würden wir als lustig empfinden, wenn die Zeit rückwärts, statt vorwärts laufen würde? Gibt es Spezies, bei denen Lachen etwas Schlechtes und Trauer etwas Gutes ist? Können Bakterien und Viren Freude empfinden? Würde ein Alien das Lachen eines Menschen als skurrile Fehlfunktion interpretieren? Lässt sich Humorlosigkeit medizinisch behandeln? Ist das überhaupt eine anerkannte Krankheit oder gar Behinderung? Um wie viele Jahre weniger lebt ein Mensch, der nie Spaß hat, im Vergleich zu einem, der sich ständig freut? Sind wir Menschen nur Komparsen einer göttlichen Komödie? Worüber lacht Gott? Lacht er überhaupt? Gibt es ein Paralleluniversum, in dem das Lachen nie erfunden wurde? Wären wir Menschen auch dann noch witzig, wenn uns die physische Fähigkeit des Lachens fehlen würde, sich Humor also nur im Kopf ausdrücken könnte? Kann man so viel lachen, dass einem der Humor für immer vergeht? Ist die Erde der einzige Planet, auf dem es Lachen gibt oder ist er vielleicht der Humorloseste des belebten Universums? Ist Pennywise auch ein witziger Clown oder kann er nur böse? Was fanden Höhlenmenschen lustig? Und zu guter Letzt der wohl abgedroschenste Klassiker humoristischer Fragestellungen überhaupt: Stirbt man, wenn man sich zwei Mal halb tot lacht?

Über all diese Fragen könnte man sicherlich noch einige Dutzend Bücher schreiben (außer über die letzte vielleicht), ohne der Wahrheit auch nur einen Zentimeter näher zu kommen. Trotzdem finde ich jede einzelne spannend. Okay, dieses Kapitel hat vielleicht weniger mit Aliens zu tun als es die Überschrift vermuten lässt. Aber der Alternativtitel „Darf ich Sie mal was fragen?" hat mir leider nicht so gut gefallen. Ich wollte es reißerischer. Schließlich sollen Sie das Kapitel ja auch lesen.

Wenn Sie auch nur bei einer der obenstehenden Fragen kurz innegehalten haben, um darüber nachzudenken, dann sind wir beide vom gleichen Schlag. Wir wollen genaue Antworten auf ungenaue Fragen. Wir sind Träumer, Visionäre, Schöngeist...

Okay, okay, schon gut. Ich weiß selbst, dass ich übertreibe. *So* traumtänzerisch sind wir beide nun auch wieder nicht. Manchmal macht es mir aber Spaß, die Gedanken fließen zu lassen und einfach zu schauen, wo sie hinführen. Vielleicht nirgendwo hin, vielleicht irgendwo hin. Und wenn Sie zu weit fließen, bin ich froh, einen Leser wie Sie zu haben, der mich wachrüttelt und zurück in die Realität holt. Vielen Dank dafür! Ohne Sie hätte ich mich in diesem Kapitel, vielleicht sogar im ganzen Buch verfranzt.

Nachwort-Humor / Epilog-Komik / Schluss-Gag

Lieber Leser, ich muss Ihnen eine ganz wichtige Frage stellen und ich will, dass Sie sie ehrlich beantworten. Glauben Sie mir, ich würde es bemerken, wenn Sie lügen würden. Haben Sie das Buch wirklich bis hierher gelesen und nicht schon im Buchladen zum Schlusswort geblättert, um zu sehen, wie es ausgeht? Okay, gut, ich glaube Ihnen. Dann wird es Zeit, dass ich Ihnen ein Geständnis mache: Ich habe dieses Buch des Geldes wegen geschrieben. Eigentlich ist mir egal, ob Sie Freude damit hatten, ob es Ihnen etwas gebracht hat oder Ihre Erwartungen erfüllt wurden. Wichtig ist eigentlich nur, dass Sie (oder derjenige, der es Ihnen geschenkt hat) Geld dafür ausgegeben haben.

Klar, ich weiß, was Sie jetzt sagen: „Mit Bücher schreiben verdient man heute doch kein Geld mehr." Dazu sei Ihnen folgendes gesagt: 1. würde ich Bücherschreiben zusammensetzen und 2. gibt es durchaus noch zwei Sparten in der Literatur, die kommerziell erfolgreich sind: Ratgeber und Lustiges. Zwar ist schlechter Rat oft teuer (ich habe schon mal über 30€ für so ein krieg-dein-leben-auf-die-Reihe-Buch ausgegeben) und Lustiges ist manchmal einfach nur peinlich (wenn zum Beispiel 80-jährige Autoren glauben zu wissen, wie jugendliche Umgangssprache funktioniert.)

Aber ich habe gehört, dass man mit einem Ratgeber locker ein paar Tausend Exemplare verkaufen kann. Ist mir aber zu wenig. Mit lustigen Büchern kann man schon mal an die 10.000 Stück kratzen. Meine Quintessenz: Sie lesen jetzt einen lustigen Ratgeber. Somit komme ich locker auf zehn und ein paar Tausend verkaufte Schmöker. Zum Beispiel dank Ihnen! Was? Mein Buch hat Ihnen keinen nützlichen Rat vermittelt? Egal, bleiben ja trotzdem noch die Zehntausend. Wie bitte? Lustig ist es auch nicht? Jetzt hören Sie mal. Ich dachte, wir wären im Laufe der letzten 40.000 Wörter Freunde geworden. Oder haben Sie das etwas nur vorgespielt? Wenn ja, dann waren Sie verdammt gut darin. Mir ist es nämlich nicht aufgefallen. Aber wissen Sie was? Eigentlich kann es mir egal sein, ob Sie mein Buch lustig oder lehrreich fanden, bezahlt haben Sie es ja trotzdem. Haben Sie nicht? Wie darf ich das verstehen? Sie haben gelogen? Sie stehen tatsächlich gerade in der Buchhandlung und haben nur schnell zum Schluss geblättert? Das gibt's doch nicht. Jetzt haben Sie das Prinzip des nachgelagerten Witzes angewandt. Wenn Sie wissen wollen, was das ist, müssen Sie jetzt wohl doch noch von vorn anfangen. Haha. Haha. Wie bitte? Sie blättern schnell zu dem Kapitel und überfliegen es? Das ist ja wohl ein starkes Stück. Wissen Sie was? Ich werde die Kapitelbezeichnungen vom Verlag entfernen lassen, bevor das Buch in den Druck geht. Da gucken Sie dann blöd! Was? Es ist schon gedruckt? Und die Kapitelbezeichnungen sind auch da? Entschuldigen Sie mich bitte, ich muss mit meinem Verleger sprechen...

Nach dem Nachwort

Eigentlich sollte das erste Nachwort schon ernst werden. Mit all diesen Phrasen wie „Schön, dass Sie die Zeit hatten, mein Buch zu lesen", „Ich hoffe, es hat Ihnen gefallen", „Vielleicht treffen wir uns im nächsten Buch wieder" und dieses ganze Gedöhns. Aber irgendwie gelingt es mir nicht, ernst zu bleiben. Ich glaube, ich habe mich nun so intensiv mit Humor auseinander gesetzt, dass ich nicht mehr aufhören kann. Deshalb nehme ich mich jetzt zusammen, reiße mich am Riemen, wie es so schön heißt, und sage Ihnen von ganzem Herzen: Schön, dass Sie die Zeit hatten, mein Buch zu lesen. Ich hoffe, es hat Ihnen gefallen. Vielleicht treffen wir uns im nächsten Buch wieder."

Wie meinen Sie das, Sie können diese Sätze nicht ernst nehmen? Gedöhns?! Habe ich das wirklich geschrieben? Na gut, habe ich, war doch aber nicht so gemeint. Lassen Sie uns nicht im Streit auseinander gehen. Ich fand die Zeit mit Ihnen sehr schön. Um ehrlich zu sein, waren Sie der beste Leser, den ich je hatte. (Übrigens habe ich gehört, dass Sie gerade „und der einzige" geflüstert haben. Aber ich nehme es Ihnen nicht übel. Sie haben eben viel aus meinem Buch gelernt und sind jetzt eine lustige und schlagfertige Person.)

Wenn Sie all das, was Sie gerade gelesen haben, in Ihrem Alltag anwenden, üben und perfektionieren, dann verspreche ich Ihnen, dass die Leute um Sie herum fortan (positiv) über Sie lachen werden. Richtig eingesetzt, wird es Ihnen gelingen, schreiende Babys zu beruhigen, schreienden Kollegen den Wind aus den Segeln zu nehmen oder die schreiende Bürokratie bornierter Sachbearbeiter zu entschlacken. Wer Humor hat, hat Freunde und wer lustig ist, hat das gleiche, nur ohne n. Ich weiß noch als ich meine Firma SuR ENTERTAINMENT gegründet habe. Mein Geschäftspartner und ich suchten in Leipzig das Gewerbeamt auf, zogen eine Nummer, wurden instant aufgerufen (wieder so eine Verschwendung gerodeter Bäume) und saßen einer streng dreinblickenden Bearbeiterin gegenüber, die uns folgendermaßen höflich begrüßte: „Was wolln se denn?" und uns (okay, ich gebe es zu, ich trug eine Jogginghose und sah dadurch nicht unbedingt wie ein professioneller Firmengründer aus) von oben bis unten kritisch musterte. Mir war klar: Wenn ich nicht sofort einen Witz reiße, dann schlägt uns die geballte Kraft deutscher Bürokratie entgegen, inklusive Asterix und Obelix´schem Passierschein A38. Hektisch sah ich mich um und mein Blick blieb auf dem Kalender kleben. Perfekt, dachte ich und sagte: „Heute ist doch ein anerkannter Glückstag. Deshalb wollen wir eine glückliche Firma gründen." Die Frau runzelte zunächst die Stirn, betrachtete anschließend auch den Kalender und fing dann (erlösend) an zu lachen. Mein Geschäftspartner und ich stiegen mit ein. Das Gespräch wurde daraufhin sehr angenehm und die Bearbeiterin gab uns zahlreiche nützliche Tipps, von denen ich weiß, dass sie nur ausgewählte (weil sympathische) Personen zu hören bekommen. Sogar unser Firmenname wurde dank meines Witzes besser als wir ursprünglich vorhatten, da die Bearbeiterin gemeinsam mit uns überlegte und dank ihrer größeren Erfahrung die besseren Ideen hatte. Um ehrlich zu sein, glaube ich, dass wir die ersten Firmengründer waren, der diese Frau so viel Interesse und Hilfe entgegen brachte. Humorvolle Menschen kommen eben weiter und werden überall geschätzt. Wer die Leute zum Lachen bringt, verdient sich ihre Sympathien. Das Datum, an dem wir die Firma gründeten, war übrigens ein 13ter. Jetzt wissen Sie, dass der Witz noch nicht mal gut war. Trotzdem hat er funktioniert. Wie sehr werden dann erst Ihre Witze funktionieren, die durch das Wissen dieses Buches die Fähigkeit haben werden, Zwerchfelle zum Zerbersten zu bringen? Rhetorische Frage. Sie werden so gut funktionieren, dass Sie es mir nicht einmal übel nehmen, für meine Computerspiele-Firma im Schlusswort dieses Buches Werbung gemacht zu haben. Zur Erinnerung: SuR ENTERTAINMENT. Sie haben gerade ein Buch zu Ende gelesen. Das ist doch ein perfekter Zeitpunkt diesen komischen SuR einmal zu googeln, finden Sie nicht?

Dies ist (k)eine Danksagung

Wussten Sie, dass ich Danksagungen hasse? Ich meine, sind wir doch mal ehrlich. Die einzigen, die so etwas lesen, sind die Personen, die darin genannt werden sowie der Autor selbst und vielleicht auch noch sein Lektor. Bei großen Autoren schaut im besten Fall noch einmal die Verlagsleitung drüber. Alle anderen überspringen das "Kapitel", welches den Namen eigentlich gar nicht verdient und beenden das Buch spätestens nach dem Epilog oder Nachwort. Danksagungen bieten keinen Mehrwert.

Vielleicht rührt meine Aversion gegen gedruckte Dankbarkeitsbekundungen auch daher, dass ich selbst noch nie in einem solchen genannt wurde. Immer wenn ich mir eine Danksagung *tatsächlich* mal durchgelesen habe, fühlte ich mich wie ein unbeteiligter Voyeur, der dem großen Schriftsteller dabei zusieht, wie er Leuten auf die Schulter klopft, von denen ich bisher noch nie etwas gehört habe und von denen ich (sofern ich zukünftige Danksagungs-Kapitel vermeide) auch nie wieder etwas hören werde.

Nennen Sie es Neid, aber ich mag Danksagungen nicht. Das ist eine Information über mich, die Sie hoffentlich schon gar nicht mehr mitbekommen, da Sie Ihre Encyclopædia Comédica bereits durchgelesen und mit einem wohligen Gefühl zur Seite gelegt haben. Die einzigen Personen, die meine letzten Worte (komischer Ausdruck, den sollte ich noch ändern) zu lesen bekommen, sind vermutlich genau diejenigen, die gerade die Stirn runzeln, da ihr Name nicht wie erwartet genannt wird. Dazu kann ich nur sagen: Nehmt das, ihr Agenten, Lektoren, Ehefrauen und -männer, Kinder, Eltern, Hamster und Meerschweinchen, oder wer auch immer es (eigentlich) verdient, hier genannt zu werden. *So* fühlt sich das an, wenn man Danksagungen liest, in denen man nicht vorkommt. Ich wette, jetzt fühlt ihr euch schlecht.

Und nun, da ich die einzigen Menschen, die mir jetzt noch zuhören (wobei dieses Wort in einem Buch deplatziert wirkt) vergrault habe, sollte ich mein Selbstgespräch schließen. Doch bevor ich dies *tue* (ein Wort, welches mein Deutsch-Lehrer gehasst hat; also habe ich ihn jetzt wohl auch vergrault), möchte ich die Gelegenheit nutzen, meinen ehrlichen Dank auszusprechen, und zwar an jeden, der der Welt mit Gelächter statt Bosheit, mit Spaß statt Zorn und mit Humor statt Ernsthaftigkeit begegnet.

"Die Hütte – Chronik eines Mörders" im Verlag Books on Demand (9,99€ als Taschenbuch und 5,99€ als eBook)

Wo liegt die Grenze zwischen Einbildung und Realität? Was ist, wenn es Ihnen nicht mehr gelingt, zwischen beidem zu unterscheiden? Was ist, wenn Realität und Einbildung plötzlich die Plätze tauschen und für Sie eine Achterbahnfahrt in den Abgrund Ihrer eigenen Psyche beginnt, an deren Ende es keinen Weg mehr zurück gibt? Maik Beyer leidet nach einem traumatischen Erlebnis in seiner Vergangenheit unter Schizophrenie. Immer wieder suchen ihn Backflashs heim, bis zu dem Punkt, an dem die Vergangenheit ihn völlig vereinnahmt und er in der Gegenwart die Frau seiner Träume dazu zwingt, ihn zu lieben. In einer verlassenen Hütte schmachtet sie ihr quälendes Martyrium. Wer kann Maiks blutigen Pfad stoppen? Denn um die schöne Jennifer zu erobern, gilt es sämtliche Gegner einen nach dem anderen auszuschalten…

"No one lives in heaven"
Videospiel von SuR ENTERTAINMENT

Was passiert mit den Bewohnern einer Spielwelt, wenn man sie "durchgespielt" hat? Nehmen wir ein x-beliebiges Rollenspiel. In der Regel wird die Spielwelt von einer bösen Macht bedroht und ein Held (nahezu immer der Spieler) muss sie retten, indem er Haupt- und Nebenmissionen löst. Hat er es bis zum Abspann geschafft, folgt in der Regel eine Deinstallation oder der Beginn von vorn (mit derselben bösen Macht und denselben von Menschen geschriebenen Quests). No one lives in heaven ist auch so ein Spiel. Zumindest war es das mal, vor vielen Jahren. Spieler haben die 5 Kontinente der Spielwelt bereist, Endgegner besiegt und Rätsel gelöst. Heute bist Du der erste Mensch, der No one lives in heaven im Jahr 2020 erlebt und auf eine Welt tritt, in der die NPCs allein gelassen worden. Ausgestattet mit einem freien Willen und Kreativ-Subroutinen begannen sie, ihre Existenz in Frage zu stellen. Sie ergründeten ihren Sinn und erkannten, dass sie nichts weiter als digitale Spielfiguren ohne physische Existenz waren. Du bist nun derjenige, der über ihre Zukunft entscheidet.